Phebe Ndam

Kochen in Afrika

Eine Rundreise mit 230 Rezepten

Aus dem Englischen
von Veronika Baiculescu

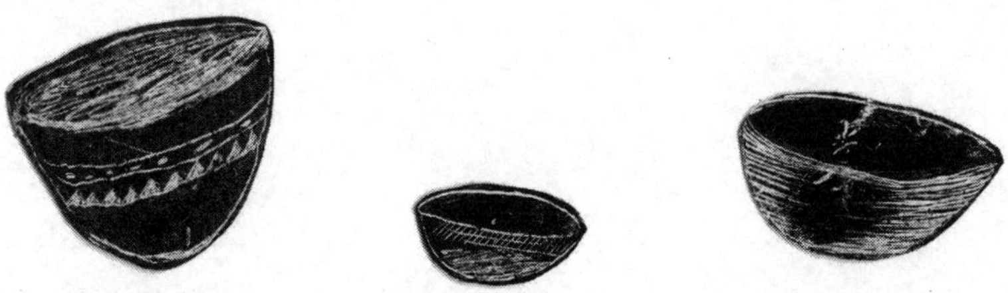

Mandelbaum

Dieses Buch widme ich meiner ganzen Familie für ihre ständige Unterstützung und ihre Ermutigungen, die die Veröffentlichung erst möglich gemacht haben.

Mit Dank an die Frauen, die einige Rezepte zu diesem Buch beigetragen haben.

INHALTSVERZEICHNIS

EINLEITUNG

Immer mehr Menschen interessieren sich für regionale afrikanische Küche. Ich möchte versuchen, mit diesem Buch dem wachsenden Interesse entgegen zu kommen. Die Auswahl der Rezepte entspricht meinen langjährigen Erfahrungen als Veranstalterin vieler afrikanischer Mittagstische und Abendessen zu festlichen Gelegenheiten. Sehr zu Gute kamen mir auch meine Kontakte mit einer großen afrikanischen Gemeinde, nicht nur hier in Wien, wo ich jetzt lebe, sondern auch in Kamerun. Sie ermöglichten es mir, Rezepte anderer Länder zu sammeln, sodass ich hier einen Querschnitt durch die Küche des ganzen afrikanischen Kontinents bieten kann.
Ich habe die meisten der Gerichte persönlich zubereitet, bei manchen habe ich meinen Freundinnen über die Schulter geschaut und ihnen beim Zubereiten der Speisen ihres Herkunftslandes assistiert. Die für ein bestimmtes Land typischen Rezepte habe ich mit dem Namen dieses Landes gekennzeichnet. Andere, länderübergreifende, mit dem Namen der Region. Rezepte werden oft von Land zu Land variiert, indem man die Zusammenstellung und die Menge der jeweiligen Zutaten leicht abändert, oder verschiedene Spielarten der Zubereitung ausprobiert. Ich habe versucht, diejenigen Rezepte aufzunehmen, die auch in Europa zubereitet werden können.
Eine besondere Eigenheit der afrikanischen Küche bilden die verschiedenen Gewürze, deren Namen teilweise nicht übersetzbar sind. Darum habe ich mich bemüht, mich auf die Anwendung von Gewürzen zu beschränken, die auch hier auf dem Markt erhältlich sind bzw. die man durch andere ersetzen kann. In diesem Buch sollten sowohl jene Leser fündig werden, die auf der Suche nach traditionellen Gerichten sind, als auch jene, die modernisierte Versionen bevorzugen.
Im Hauptteil finden Sie eine große Auswahl an Rezepten für Suppen, Eintöpfe und Saucen, für die Zubereitung von Gemüse, Reis, Hülsenfrüchten und Getreide, für Fleisch, Fisch und Geflügel sowie Desserts. Am Anfang stehen aber Grundrezepte und allgemeine Hinweise, die für mehrere andere Gerichte die Grundlage sind, sowie hilfreiche Tipps

über Aufbewahrung und Lagerung, die Verwendung einiger spezieller Zutaten, und ein Kapitel über Gewürzmischungen. Einige Vorschläge für Menüs, Buffets oder große Festessen sind ebenfalls enthalten.
Im Glossar können Sie wichtige aber seltene Ingredienzien nachschlagen bzw. herausfinden, durch welche andere, gängigere Zutaten sie ersetzt werden können.
Der Speisezettel in den meisten afrikanischen Ländern besteht vor allem aus Gemüse, stärkehaltigen Speisen und Proteinen in Form von Hülsenfrüchten. Bei den meisten Mahlzeiten werden also Blattgemüse wie Fii oder bitter leaves, Kohlehydrate in Form von Reis, Fufu, Yamswurzeln, Kochbananen oder Mais und eiweißhaltige Bohnen oder andere Hülsenfrüchte gereicht. Die Vielfalt der verwendeten Gemüsesorten ist enorm. Für viele kann keine Übersetzung gefunden werden, sodass ich hier nicht alle Varianten aufnehmen konnte. Für einige Rezepte ist es mir gelungen, brauchbaren und auch anderswo erhältlichen Ersatz zu nennen, deren Namen Sie im Glossar finden.
Die Einteilung der Länder in diesem Buch erfolgte weniger nach geographischen als nach kulinarischen Kriterien.
Rindfleisch, Wild, Schweinefleisch, Huhn oder Fisch bilden normalerweise nicht den Hauptgang traditioneller Speisefolgen. Dies wird als Delikatess serviert oder dient, vor allem in geräucherter Form, als Gewürz für Stews, Ragouts oder Saucen. Es ist deshalb wichtig zu wissen, dass Fleisch oder Fisch direkt in diese Gerichte eingearbeitet werden, anstatt, wie in der westlichen Küche, als eigene Speise zu existieren. Gemüse oder Kohlehydrate verlangen eine Sauce oder ein Ragout als Beigabe.
Es ist sehr wichtig, hier anzumerken, dass das oben Beschriebene ebenso wie die folgenden Beschreibungen nur eine grobe Verallgemeinerung sein kann. Bewußt wurde in diesem Buch darauf verzichtet, alle so unterschiedlichen Details und allzu speziellen Ausprägungen afrikanischer Sitten und Eßgewohnheiten darzustellen. Dies hätte den Rahmen eines Kochbuches bei Weitem gesprengt.

Wo man einkaufen kann, wenn man afrikanisch kochen will

Mittlerweile ist das Interesse für afrikanische Speisen derart gestiegen, dass man dafür notwendige Gewürze und Zutaten überall in der Welt einkaufen kann. Sie finden eine große Bandbreite an tropischen Früchten, Kräutern und sogar sehr ausgefallene Gewürze auf großen Märkten, in Spezialhandlungen und sogar in manchen Supermärkten aller großen Städte Europas, Asiens und Afrikas.

DIE KULTUR DES KULINARISCHEN IN AFRIKA

Afrika ist ein riesiger Kontinent, der fast ein Fünftel der Landmasse unserer Erde bedeckt. Seine Klima- und Vegetations-Zonen sind reich an Fauna und Flora. Die Vegetation reicht von tropischen und subtropischen Regenwäldern über Savannen zur Steppe bis zur Wüste.
So unterschiedlich Landschaft, Pflanzenwelt und Klima auch sind, sie gleichen sich doch in weiten Teilen. In vielen Ländern baut man daher ähnliche Feldfrüchte an und züchtet ähnliche Viehsorten. Nahrungsmittel, die nur in einzelnen Regionen vorkommen, sind heute fast überall in Afrika erhältlich, denn ein ausgebautes Netz an Transportwegen und Kommunikationsmitteln sowie die Einführung moderner Technologien zur Lebensmittelkonservierung ermöglichen den Warenaustausch im ganzen Kontinent.
Die Vielfalt an Nutzpflanzen und Tieren macht Afrika zu einem überaus reichen Erdteil. Man baut vor allem Getreide, Mais, Hülsen- und Knollenfrüchte sowie verschiedene essbare Wurzeln an, kultiviert verschiedene Gemüsearten, wie Stangen- und Blattgemüse, aber auch fleischige Arten und essbare Blüten. Nicht zuletzt werden Ölpflanzen, Reben und Früchte gezüchtet. Viele der essbaren Pflanzen sind bis heute nur der lokalen Bevölkerung bekannt und wurden von der Wissenschaft noch nicht katalogisiert.

Geschichte afrikanischer Nahrungsmittel

Berichte über archäologische Funde und die Arbeit von HistorikerInnen zeigen uns, dass die Anfänge der menschlichen Evolution in Afrika stattfanden. Ein Teil der Forschung konzentrierte sich darauf, die Geschichte der Nahrungsmittel in Afrika zurückzuverfolgen. Es gibt Hinweise darauf, dass in Ägypten bereits vor etwa 19000 Jahren Knollenfrüchte und Fisch intensiv genutzt wurden und dass man Grünpflanzen verwendete. Einige Informationen liefert die Bibel – zum Beispiel über das Brot backen.

Zu den frühesten Nutzpflanzen gehören Sorghum, verschiedene Hirsesorten, Teff, Reis, Knollen und Datteln (vor etwa 17000 Jahren in Westafrika). Manche Gesellschaften leben heute noch als Jäger und SammlerInnen; Fischfang wird von den meisten AfrikanerInnen als Nebenerwerbsquelle betrieben. Die nordafrikanischen Kuschiten betrachten Fisch allerdings als tabu, so wie Moslems und Juden kein Schweinefleisch essen dürfen.
Es waren wieder die Ägypter, die als Erste mit Sauerteig Brot buken und Datteln als Süßstoff für Kuchen verwendeten, auch das Brauen von Getränken aus Grünpflanzen, das heute über den gesamten Kontinent verbreitet ist, ja sogar das Einlegen und Konservieren von Früchten und Gemüse stammt von ihnen, in zahlreichen Pharaonengräbern fand man Gewürze und Kräuter.
Kochgeschirr und Geräte waren aus Bronze und Kupfer oder aus geschnitztem Holz. Siebe aus Stroh, Körbe, Mörser und Stössel, Tontöpfe und Mahlsteinewerden nur langsam durch modernes Geschirr aus Porzellan, Email, Stahl, Glas oder Plastik ersetzt. Sowohl die Römer wie auch spätere Kolonisatoren, der Gewürz- und Sklavenhandel und der moderne Tourismus beeinflussten jedes auf seine Weise die afrikanische Küche. So wurde aus Amerika der Mais und im 16. Jahrhundert von den Portugiesen Kassava bzw. Maniok und scharfer Chili eingeführt. Andere Pflanzen kamen aus Südasien. Viele davon gehören heute neben den heimischen zu den beliebtesten Nahrungsmitteln in Afrika.
Essbare Pflanzen, die in der afrikanischen Kulturgeschichte eine wichtige Rolle spielten, lassen sich in mehrere große Gruppen einteilen: In den meisten Ländern südlich der Sahara sind dies Sorghum und Hirse; in den Regenwald-Regionen, im südlichen und östlichen Afrika wird viel Mais gegessen, Weizen und Gerste in manchen Regionen Nordafrikas, Kassava (Maniok) im Westen und in Zentralafrika, Yams und Cocoyams im südlichen Sudan, an der Guinea-Küste, in Kamerun und dem Kongo-Becken, Bananen im Regenwald, in Uganda und Kenia, Reis in Madagaskar, einigen Regionen Ostafrikas und an der ganzen westafrikanischen Küste, bestimmte Hirsesorten im östlichen Afrika, die Dattelpalme in den Oasen der Sahara, Feigen und Oliven am Mittelmeer, Leguminosen, Süßkartoffeln und Teff in einzelnen, isolierten Regionen.

Überregionale Ernährungs-Gewohnheiten in Afrika

Ich kann hier nicht auf alle afrikanischen Ess-Gewohnheiten eingehen. Dies würde eine eigene, umfangreiche Studie verlangen. Dieses Buch kann nur einen kleinen Einblick in die reiche kulinarische Kultur Afrikas gewährleisten.

......

Die meisten afrikanischen Speisezettel enthalten Fleisch- und Pflanzenkost mit einer oder mehreren würzigen Beigaben. Hier lassen sich wiederum zwei Untergruppen ausmachen: die »Hauptspeise plus Ragout«-Gruppe, in Afrika am verbreitetsten, und die »Brot plus Fülle«-Gruppe. Als Hauptspeise bezeichnen wir stärkehaltige Speisen aus Feldfrüchten wie Mais, Getreide, Knollen und Wurzeln.
Würze und Geschmack werden normalerweise in Form eines einfachen, gut gewürzten Gemüseragouts mit Hülsenfrüchten, Fleischsaucen oder Curries beigesteuert.
Die zweite Art, Energie und Geschmack zu verbinden, wird in Nordafrika, Äthiopien und einigen Ländern des östlichen und südlichen Afrika bevorzugt. Hier bildet Brot die Basis, zu dem man eine Fülle, eine Suppe oder eine Sauce serviert. In Tunesien isst man beispielsweise den »Brick«, ähnlich der französischen »Crepe«, in Äthiopien das »Injera«, ein sehr beliebtes, flaches Brot, während das indische »Chapatti« im östlichen und südlichen Afrika eine Nahrungsgrundlage bildet. Die Vielfalt und Zubereitungsart der Hauptspeisen, die Menge und die Sorte an Beigaben wie Fleisch, Gemüse oder Hülsenfrüchten hängen vor allem vom vorhandenen Geld der jeweiligen Familie ab und auch davon, welche Zutaten gerade erhältlich sind. Wie man die Rohstoffe zubereitet und welche Zutaten man wie kombiniert, hängt auch von der Wahl des Küchenchefs ab. In Afrika ist dies meist die Frau.

Afrikanische Küche

Es gehört zum Selbstverständnis afrikanischer Hausfrauen, sich nicht nur als Köchin zu verstehen, sondern als Ernährerin der Familie. Sie sind stolz darauf, die Lebensmittel zu produzieren, zu besorgen, sie zuzubereiten und ihrer Familie zu servieren. Ebenso bewirten sie Gäste und kochen für Zeremonien und Feste. Die Komposition der Zutaten, die die afrikanische Küche ausmacht, und die besondere Handwerkskunst jeder einzelnen Frau werden über Generationen weitergegeben.
Die Kunst zu kochen erwirbt man über viele Jahre hinweg, indem man den ExpertInnen – üblicherweise sind es die Mütter – über die Schulter schaut und sie nachahmt. Das braucht ständige Praxis. In fast allen afrikanischen Familien werden Mädchen sehr früh in die Rituale des Kochens eingeführt. Es sind fast immer die weiblichen Nachkommen, die von frühester Kindheit an ihren Müttern in der Küche helfen. Meist beginnen sie mit kleinen Handreichungen, wie dem Putzen der Zutaten. Später dürfen sie nach und nach einfache Gerichte oder einzelne Komponenten komplizierterer Mahlzeiten selbst zubereiten. Neuerdings wurden auch Versuche unternommen, Kochunterricht als eigenes Fach

in Haushaltsschulen anzubieten. Meistens lernen die jungen Mädchen dabei jedoch nur sehr einfache Gerichte zu kochen.
In der traditionellen afrikanischen Küche bestimmt man die Menge der Zutaten, indem man während der Zubereitung abschmeckt. Mit der Erfahrung mehrjähriger Praxis entwickelt man die Fähigkeit, die Menge und das Verhältnis der Zutaten und Gewürze je nach der Art des Gerichts genau zu bestimmen, so dass immer ein köstliches und gesundes Mahl entsteht. In traditionellen Gesellschaften kocht man niemals nur für die Familie, man bereitet immer etwas mehr zu, denn es könnte ja jemand vorbeischauen. Anderenfalls wird man als sehr egoistisch angesehen.
Da man in einem typischen afrikanischen Haushalt zum Abmessen höchstens mit kleinen Schälchen oder Gläsern arbeitet, sind Mengenangaben wie »eine Hand voll« oder »zwei Hände voll« üblich. In modernen afrikanischen Gesellschaften sind allerdings exakte Meßgeräte zunehmend im Kommen.
Man kocht fast immer mit frischen Wurzeln, Knollen, Früchten, mit frischem Gemüse und Fleisch. Tiefgefrorene Waren, Konserven oder verpackte Lebensmittel können sich nur Oberschicht- und einige wenige Mittelschicht-Familien leisten. Aber sogar diese Minderheit lässt oft auf den offenen Märkten einkaufen, die voll von frischen Lebensmitteln sind. Ein afrikanischer Markt bietet mit seiner Vielfalt an Früchten und Gewürzen und in all seiner Buntheit einen atemberaubenden Anblick.
Neben Fleisch als Anreicherung von Ragouts, Saucen oder Eintopfgerichten dienen getrockneter geräucherter Fisch oder Räucherfleisch als Geschmacksverstärker und Gewürz. Gegrilltes Fleisch wird ebenfalls als Beilage oder als schneller Imbiss serviert, den man zusätzlich zu einem gebratenen, gerösteten oder gekochten Grundnahrungsmittel isst.
Das Fleisch wird meist schon während des Kochvorgangs in größeren Stücken oder auch ganz klein geschnitten in die Speise eingearbeitet. Hier unterscheidet sich afrikanische Küche grundsätzlich von der westlichen, in der Grundnahrungsmittel wie Kartoffeln, Reis und Gemüse zu ganz kleinen Mengen reduziert werden, während das Fleisch extra und als Hauptgang zubereitet wird. Afrikanische Ragouts und Saucen beziehen ihren Nährwert aus den Nüssen, Hülsenfrüchten, Kernen, Kräutern und Gewürzen, die reich an Protein, Eisen und Vitaminen sind.

Über den Gebrauch von Gewürzen

Afrika kennt eine große Auswahl an verschiedenen, sehr speziellen Gewürzen. Ich habe mich bemüht, mich in diesem Buch auf die Anwendung von Gewürzen zu beschränken, die auch hier auf dem Markt erhältlich sind, bzw. die man durch andere ersetzen kann.
Alle Gewürze, auch scharfer Chili-Pfeffer, werden den Gerichten während der Zubereitung beigegeben. Besondere Aufmerksamkeit verdient die Verwendung des scharfen Chili, der in verschiedener Form gereicht wird, sei es als Sauce, eingelegt oder gemahlen. Es gibt winzig kleine, grüne oder rote Schoten (Piri-Piri), kleine, große oder lange grüne, gelbe oder rote Pfeffersorten. Sie varriieren in Schärfe und Geschmack. Man ist der Ansicht, dass das Essen besser schmeckt, wenn man die Pfefferschoten schon während des Kochens beifügt. Aber der Gebrauch von Chili geht zurück.

Das Öl

Besonders in den westlichen und zentralafrikanischen Gebieten gehört Palmöl unbedingt zur traditionellen Küche. Das ungebleichte Öl der meisten Rezepte enthält viele wertvolle Nährstoffe, wie z.B. Karotin. Andere sehr gebräuchliche Öle sind Erdnussöl, Maisöl, Öl aus den Kernen der Baumwolle, weiterhin Olivenöl oder Läuterbutter wie Ghee, eine Art Gewürzbutter, die hauptsächlich in Nord- und Ostafrika verwendet wird. Alle diese Pflanzenöle dienen zum Braten für Ragouts und Saucen. Palmöl muss, bevor man es wie ein anderes Öl anwendet, gebleicht oder geläutert werden, indem man es erhitzt, bis es seine dunkle Farbe verliert.
Viele verschiedene Rohstoffe machen die afrikanische Küche alles andere als eintönig Ob es sich um Authentisch-Lokales, um Traditionelles oder um moderne Küche handelt, immer spiegelt sich die Vielfalt der afrikanischen Kulturen und Völker wider.
Manche Speisen wurden bereits in den frühen Tagen des kontinentalen Handels in verschiedenen Ländern und Regionen eingeführt, später durch Kolonialismus, verstärkte Reisetätigkeit und Tourismus weitergetragen.
Die fremden Einflüsse trugen auch zur regional unterschiedlichen Entwicklung des Lebensstils bei, was wiederum Traditionen, Kultur und Ernährungsgewohnheiten veränderte.
In diesem Buch beschränke ich mich bei der Beschreibung der kulinarischen Besonderheiten auf die Unterschiede zwischen den großen Regionen Nordafrika, Ost- und Westafrika und dem südlichen Afrika.

Essenszeiten

In den meisten traditionellen afrikanischen Gesellschaften nimmt man zwei Mal täglich eine größere Mahlzeit zu sich. Eine am Vormittag und eine abends. Diese Aufteilung ergibt sich aus der zeitaufwendigen Zubereitung des Essens und aus dem Rhythmus bäuerlicher Lebensweise. Der Großteil traditionell lebender Menschen ist mit Subsistenz-Wirtschaft beschäftigt. Vor allem die Frauen arbeiten den größten Teil des Tages auf dem Feld. Da die Familie sich nur abends versammeln kann, nimmt man dann die Hauptmahlzeit ein. Dies gilt für alle sozialen Schichten, wobei die Mittel- und die Oberschicht am sichtbarsten westlich beeinflusst ist. Hier übernimmt man auch zunehmend das westliche Muster: Frühstück, Mittagessen und Abendessen.

In der Zeit zwischen Abendmahlzeit und Schlafen-Gehen tauscht man sich über Tagesaktivitäten und besondere Ereignisse aus. Früher wohnte man in einem einzigen Raum, der Küche, Aufenthaltsraum und Schlafzimmer war und in dessen Mitte auf offenem Feuer gekocht wurde. Die Familie versammelte sich um die Feuerstelle und erzählte sich Geschichten, Märchen oder Rätsel. Währenddessen schälen Mutter und Kinder Bohnen, Nüsse und Kerne, oder sie verarbeiten die Tagesernte, bündeln das Getreide oder legen die Produkte zum Trocknen aus. So wird lokale Kultur weitergetragen und erhalten. Leider stirbt diese Lebensweise aus, da man sich mehr und mehr dem europäischen Lebens- und Wohnstil anpasst und auch Bildung formalen Charakter angenommen hat, so dass die Kinder ihre Schulaufgaben erledigen müssen.

In traditionellen Familien widmet man sich nach dem Abendessen einer weiteren wichtigen Tätigkeit: Man bereitet gewisse Zutaten für das Essen des nächsten Tages vor. Vor allem jene, die vorgekocht, oder die einer langwierigen Behandlung unterzogen werden müssen. Manche Gerichte müssen mehrere Stunden lang garen und werden bereits frühmorgens aufs Feuer gestellt, zum Beispiel Achu, Menyondo, Wasser-Fufu in Kamerun, Injera in Äthiopien, Taubenpastete Bstila *(Pastila ausgesprochen)* in Marokko oder Bobotie in Südafrika.

Menüfolgen

Es ist kaum üblich, Vorspeisen, Salate oder Desserts zu servieren. Salate werden selten gegessen, weil die meisten Rohstoffe in der afrikanischen Küche gekocht, geröstet, gebraten oder gegrillt werden. In traditionellen Gesellschaften isst man kaum Rohes, man verfüttert es an die Tiere. Nur in Nordafrika gibt es eine lange Tradition von Vorspeisen, Salaten und Desserts. Westlich beeinflusste Ober- und Mittelschicht-Familien übernehmen allmählich auf dem ganzen Kontinent ähnliche Menüfolgen.

Mangos, Bananen, Orangen, Avocado, Ananas und Papaya – um nur einige der vielen tropischen Früchte zu nennen – werden zunehmend in modernen Speisen wie Kuchen, Törtchen und anderen Süßspeisen verarbeitet. Auf dem Land nimmt man sich frische Früchte, wann immer man Lust dazu hat. Vor allem die Kinder füllen damit ihren Magen, wenn sie zu hungrig sind, die nächste Mahlzeit abzuwarten. Mittlerweile stellen viele Leute frische Fruchtsäfte und andere Getränke her. Früchte werden zu Marmeladen, Gelee, Pickles und Chutneys verarbeitet. Zunehmend werden getrocknete Zutaten auch verpackt, in Dosen konserviert oder tiefgefroren.

Man bereitet inzwischen auch kleine Snacks und Zwischengerichte mit verschiedenen Früchten oder Nüssen zu. Das Obst wird entweder ganz, in Streifen oder Scheiben geschnitten, geraspelt oder gewürfelt und roh oder unterschiedlich verarbeitet auf den Tisch gestellt. Wie die Nachspeisen, befinden sich auch diese Nebengerichte auf dem Vormarsch, sie gehörten bisher nur in einigen wenigen ethnischen Gruppen zur kulinarischen Tradition, so z.B. bei der asiatischen Bevölkerungsgruppe in der südafrikanischen Kapregion, wo frisches oder eingelegtes Obst und Gemüse oder Chutneys zur Mahlzeit gereicht werden.

Küchengeräte und Geschirr

Eine traditionelle Mahlzeit herzustellen kostet viel Zeit, da die Rohstoffe direkt vom Feld kommen. Man muss sie zuerst ernten, bestenfalls auf dem Markt kaufen. Auch wenn man bereits alles Nötige zu Hause hat, muss man arbeitsintensives Schälen, Entkernen, Reiben, Mahlen, Raspeln oder Zerstampfen in Kauf nehmen. Für diese Tätigkeiten stehen meist nur einfache Geräte wie Mörser und Stössel, Mahlsteine und Reiben zur Verfügung. Mischen und schlagen muss man ebenfalls mit der Kraft seiner Arme. Viele dieser anstrengenden Tätigkeiten wurden durch moderne Maschinen vereinfacht. In den meisten traditionellen Haushalten arbeitet man noch nach der alten Methode, aber in vielen Dörfern stehen mittlerweile Mais-Mühlen oder maschinelle Kassava-Reiben, zu denen die Menschen ihre Feldfrüchte bringen. Ähnlich wie die Kaffeemühlen in europäischen Supermärkten haben sich manche Stände auf städtischen Märkten darauf spezialisiert, kleine, dieselbetriebene Mühlen bereitzustellen, wo die gestresste Hausfrau ihre Zutaten gegen ein geringes Entgelt zerkleinern lassen kann.

Zunehmend besitzen Ober- und Mittelschichtfamilien auch ihre eigene Küchenmaschine oder einen Druckkochtopf.

Der Übergang zu modernen Verarbeitungsmethoden wird sehr geschätzt, da man sich damit enorm viel Zeit und Kraft sparen kann. Dennoch werden manche Zutaten mit besonders ausgeprägtem Geschmack immer noch auf die alte Art vermahlen, damit ihr besonderes Aroma nicht verloren geht. Manche Gewürzhändler haben sich auf die Verpakkung spezieller Gewürze und Gewürzmischungen, wie dem äthiopischen Bebere, dem marokkanischen Ras-el Hanout oder dem Achu-Gewürz aus Kamerun spezialisiert, ebenfalls eine praktische Erleichterung für die vielbeschäftigte Hausfrau.

Wie überall spielen auch in der afrikanischen Küche Gebrauchsgegenstände und Gefäße eine große Rolle. Sowohl der Geschmack als auch das richtige Aussehen der fertigen Speise hängen zum großen Teil vom Kochtopf ab. In jeder Kultur gibt es besondere Typen von Geschirr für die jeweils besondere Zubereitungsart. So zum Beispiel nimmt man für Chapatti, Injera oder Gari die breite, offene, schwere Tonpfanne, um Couscous zu dämpfen, einen Kochtopf mit Einsatz, in dem man mehrere Speisen gleichzeitig garen kann. Früher bereitete man die meisten Speisen in tönernen oder gusseisernen Töpfen zu. Man verwendet diese Töpfe noch heute in vielen traditionellen Familien und das darin gekochte Essen gilt als schmackhafter.

Traditionelles Essen, so meint man, schmeckt auch besser, wenn es auf bestimmte Weise angerichtet wird. Man serviert bestimmte Speisen auf Bananenblättern, die vorher über der Flamme weich gemacht wurden, oder bestimmte Blätter aus den Wäldern, mit denen man die Speisen vor dem Dämpfen einwickelt. Man kann in diesen Blättern Essen auch aufbewahren, oder darin das Mittagessen aufs Feld, an die Arbeitsstelle oder zu anderen Familien transportieren. Allerdings werden sie zunehmend durch Aluminiumfolie ersetzt, vor allem in Städten und Zentren, wo Bananenblätter Mangelware sind.

Andere Gefäße, die hier noch genannt werden sollen, sind Kalebassen verschiedener Größen zum Aufbewahren, Servieren und als Schüssel, Schalen aus Ton oder Holz, geflochtene Tabletts, Teller oder Körbe aus Stroh. Auf den Märkten und in Geschäften erhält man heute mehr und mehr modernes Geschirr aus Keramik oder Porzellan, aus Email, Stahl, Glas oder auch aus Plastik.

Feuerstellen und Öfen

Wenn man mit Holz oder Kohle kocht, ist die offene Feuerstelle aus drei Steinen noch immer der gebräuchlichste Kochplatz. Mit dem zunehmenden Umweltbewusstsein versucht man jedoch, Holz zu sparen. Die Einführung moderner Küchenöfen hilft auch Zeit und Energie zu sparen.
Die Konstruktion dieser neuen Öfen ist einfach, und die Frauen auf dem Land bauen sie selbst aus Lehm. Die meisten können sich auch andere, energiesparende Herde aus Metall oder Keramik leisten. Sie werden mit Holz, Kohle oder Koks betrieben und verbrauchen weniger Brennstoff. StädterInnen verwenden auch gern Gas- oder Petroleumöfen.

Verarbeitungsmethoden

Die einfachste Methode, wie man Essen zubereiten kann, seit der Mensch das Feuer entdeckt hat ist das Rösten. Noch heute werden besondere Zutaten afrikanischer Küche wie Palmnüsse, die afrikanische Pflaume (African plum), Kochbananen und einige Knollen wie Yams, Süßkartoffeln, Kassava in heißer Asche gegart oder direkt auf offenem Feuer oder auf heißer Kohle geröstet.
Unter Verwendung verschiedener Blätter wird gekocht oder gedämpft, wobei die Speisen in die Blätter eingewickelt und zu Bündeln geschnürt werden. Wir verwenden spezielle Blätter, um bestimmten Gerichten ihren besonderen Geschmack zu geben. Cocoyamblätter und andere Blattarten können als Teil einer Mahlzeit gegessen werden. Die Blätter, in denen man Speisen kocht, haben dieselbe Wirkung wie der moderne Druckkochtopf: Nährstoffe, Aroma und das Aussehen der Speisen, die durch direktes Kochen in Wasser verloren gehen, bleiben so erhalten. Ein Beispiel für ein solches Gericht ist »Equang«, das man mit gefüllten Weinblättern vergleichen kann.
Braten und Grillen gehören ebenfalls zu den verbreiteten Verarbeitungsmethoden, Backen allerdings nicht. Letzteres wurde früher nur in Ägyp-

ten, in wenigen Regionen des östlichen, nördlichen und südlichen Afrika praktiziert, wo es allerdings eine lange Tradition des Backens gab. Mittlerweile bäckt man in vielen größeren Städten, wo man auch auf den Märkten oder in Geschäften Backwaren vom einfachen Brot über raffinierte Kuchen bis zur Konditorware kaufen kann.

Märkte

Der beste Ort, frische Lebensmittel zu erstehen ist einer der offenen Märkte Afrikas. In jeder Stadt findet man große Lebensmittel-Märkte mit einer Fülle von Feldfrüchten. Die meisten großen Märkte sind täglich in Betrieb, so dass die Waren, mit Ausnahme bereits verarbeiteter Produkte wie Maismehl, Mehl, Gari, Couscous und mancher Knollenfrüchte oder stärkehaltiger Gemüsesorten, täglich frisch angeboten werden. Zunehmend findet man auch Geschäfte und Supermärkte mit einem großen Angebot an Konserven, verpackten oder tiefgefrorenen Gütern.

Speziell in Westafrika, wo ich herkomme, ist in den Dörfern meist nur einmal in der Woche Markttag. Hier sollte man erklären, dass eine örtliche Woche 8 und nicht 7 Tage hat, also nicht mit der westlichen Kalenderwoche zu vergleichen ist. Daher fällt der regelmäßige Markttag nicht auf denselben Tag, den der westliche Kalender angeben würde. Obwohl der Markt regulär nur einmal pro Woche stattfindet, gibt es auch für diese Regelung viele Ausnahmen: der Markttag kann aus bestimmten Gründen vorverlegt oder verschoben werden, manchmal wird ein zweiter Tag abgehalten, um Weihnachts- oder Neujahrseinkäufe zu ermöglichen, oder um Kollisionen mit örtlichen Ereignissen oder Festen zu vermeiden.

Am dörflichen Marktplatz tauscht man nicht nur Waren, hier trifft man Freunde und Verwandte und knüpft soziale Kontakte. Der Markt dient als Kommunikationszentrum, wohin man Botschaften schickt, und wo sie entgegengenommen werden. Manchmal nützt auch der lokale traditionelle Chef den Markt für wichtige Ankündigungen.

Über eine besondere und doch sehr gängige Maßeinheit, die auf vielen Märkten Kameruns und auch in einigen anderen westafrikanischen Ländern benutzt wird, lohnt es sich, eine kleine Geschichte zu erzählen: Es ist die »Zigarettendose«, in der man Körner, Nüsse, Mehl oder gemahlene Gewürze misst. Die Dose ist aus Aluminium, ihr Inhalt entspricht einem Viertelliter.

Vor vielen Jahren, noch während der Kolonialzeit, wurden darin Zigaretten verkauft. Wollte man nur die halbe Menge, wurde die Dose einfach entzwei geschnitten.

Da heute nicht mehr allzuviele Leute eine Originaldose besitzen, wurde statt dessen das Viertelliter-Glas als Maßeinheit eingeführt.
Ein zweiter, sehr beliebter Messbecher ist die »peakmilk«-Büchse, eine bestimmte Marke Kondensmilch. Der Inhalt kommt auf 3/4 einer Zigarettendose. Ebenso wird gern mit den kleinen Tomatenmark-Konserven gemessen, die 125 g beinhalten.
Außer den MarktverkäuferInnen verwenden auch Kinder diese Behälter, um gekochte oder geröstete Erdnüsse zu transportieren. Man sieht sie überall, wie sie Tabletts mit ein paar dieser kleinen Dosen auf dem Kopf balancierend durch die Straßen wandern, um ihre Ware zu verkaufen.

Bräuche

Wie überall in der Welt wächst man auch in Afrika in verschiedenen, voneinander abgegrenzten Gesellschaften auf, wo unterschiedliche Bräuche zur Norm erhoben wurden. Die Größe des Kontinents mit seinen vielen Völkern, Stämmen und ethnischen Gruppen macht es sehr schwierig, diese vielen verschiedenen Bräuche zu schildern. Das Folgende kann daher nur wenige Beispiele wiedergeben.

Wie man Mahlzeiten zu sich nimmt

Eine der quer über den Kontinent verbreiteten Sitten, vor allem in traditionellen Gesellschaften, ist die Verwendung der Finger zum Essen. Wir glauben, dass das Essen so besser schmeckt. Obwohl in jedem Heim Besteck vorhanden ist, nehmen die meisten Menschen beim Verzehr von Fufu, Gari, Achu, Injera und bei den meisten Eintopf-Gerichten lieber ihre Finger. Man kann sogar Couscous, Reis und andere Speisen sehr sauber mit den Fingern aufnehmen, wenn man diese Kunst von Kindheit an beherrschen gelernt hat. Ebenso serviert man manche traditionellen Speisen am besten in Bananen- oder anderen Blättern, in Kalebassen, Steingut- oder Holzgefäßen. Andere Gerichte richtet man in speziellen Körben an.

Die Servier- und Ess-Ordnung

Das Essen wird normalerweise in großen Schüsseln serviert, aus denen die Familie gemeinschaftlich isst. Ist die Familie sehr groß, werden kleinere Gruppen gebildet, die sich jeweils eine Schüssel teilen. Nur dem Familienoberhaupt wird separat aufgetischt und er bekommt üblicherweise den besten Anteil. Er isst entweder allein oder mit einem seiner Kinder, meist mit seinem ältesten Sohn. Manchmal holt er auch sein Jüngstes zu sich. Die Frau und die anderen Kinder nehmen die Mahlzeit gemeinsam ein oder auch jeder für sich selbst.

Etikette

Selbst wenn man Besteck verwendet, ist es weit verbreitet, sich vor dem Essen die Hände zu waschen. Man sollte beim Essen nur die rechte Hand benützen, denn mit der linken Hand Speisen zu entnehmen stellt einen Akt respektlosen Verhaltens dar. Es wird auch als Affront betrachtet, jemandem etwas mit der linken Hand darzureichen, ebenso respektlos wäre es, Dargereichtes mit der Linken entgegenzunehmen. Kinder und Jugendliche dürfen niemals nur eine Hand verwenden, wenn sie von einem Erwachsenen etwas bekommen oder ihm etwas bringen.

Wenn eine Gruppe gemeinsam isst, warten die Jüngeren, bis die älteren Personen sich bedient haben. Während einer Mahlzeit den Raum zu verlassen gilt als unhöflich. Da Fleisch meist nur in geringen Mengen vorhanden ist, teilt man es sich, statt einfach nach seiner Portion zu grapschen. Es ist normalerweise die älteste Person der Gruppe, die das Fleisch teilen wird. Wenn man zu einem Mahl eingeladen ist, sollte man nicht ablehnen, auch dies ist unhöflich. Selbst wenn Sie gerade gegessen haben und wirklich satt sind, sollten Sie doch Ihre Anerkennung für die Einladung dadurch zeigen, dass Sie zumindest eine Kostprobe zu sich nehmen.

Gastfreundschaft und Unterhaltung

Dem afrikanischen Brauch gemäß ist ein Haus immer für Gäste offen. Man braucht keine Einladung, um sich dazuzusetzen. Die Hausfrau kocht immer für mehr als nur die Familienmitglieder. Bei speziellen familiären Anlässen, oder wenn jemand von großer Wichtigkeit zu Besuch kommt, wird dies im Vorhinein bekannt gegeben. Es wird als glückbringend angesehen, wenn unangemeldeter Besuch gerade dann hereinkommt, wenn die Familie beim Essen versammelt ist. Man drückt seine Freude darüber mit bestimmten Formeln aus und die Hausfrau holt ihr bestes Geschirr hervor. Chefs essen nicht in der Öffentlichkeit, für sie wird in einem eigenen Raum angerichtet.

Getränke

In traditionellen Familien wird zu den Mahlzeiten Wasser getrunken. Wein, Bier oder Limonaden und Säfte trinkt die Ober- und Mittelschicht, eine Übernahme westlicher Kulturmuster, die man vor allem in Städten beobachten kann. In einigen Ländern produziert man lokale Weine, wie z.B. Palmwein, Maisbier oder andere Maisgetränke, Bananenwein und Liköre. Wein wird aus Nordafrika und aus dem südlichen Afrika in die ganze Welt exportiert. Sie werden vor Ort nur von den Wohlhabenden konsumiert.

Diese Getränke bleiben meist besonderen Anlässen wie Hochzeiten, Geburts- oder Totenzeremonien vorbehalten, oder werden anlässlich des Amtsantritts eines neuen traditionellen Führers, bei großen Familienfesten und Versammlungen serviert oder wenn man Gäste hat. Vor dem Ausschenken vollzieht der älteste Mann meist eine »Libation«, indem er etwas von dem Getränk auf die Türschwelle schüttet. Damit ruft er die Ahnen an und bittet sie, das Ereignis zu segnen und böse Taten oder Menschen fernzuhalten. Heute konsumiert man auch in bestimmten traditionellen Familien zunehmend importierte aber auch lokal produzierte Getränke wie Wein, Bier, Brände, Liköre, Limonaden u.ä.m., ohne dass bestimmte größere Anlässe vorlägen. Es bleibt aber ein Privileg der Elite.
Obwohl es kommerziell produzierte Limonaden und Säfte aus Orangen, Ananas oder Grapefruit zu kaufen gibt, stellen manche Familien ihre eigenen nicht alkoholischen Getränke her. Man macht sie sowohl aus frischen Früchten wie auch aus Wurzeln und Blütenblättern. Besonders beliebt sind Mangos, Orangen, Ananas, Guaven, Trauben und Maracujas. Getränke aus Ingwer, Sauerampfer und Hibiskusblüten sind ebenfalls im Kommen. Die Herstellung von Säften zeigt ein neues Bewusstsein über den Ernährungswert von frischem Obst und ist auch ein Resultat der verbesserten Konservierungsmöglichkeiten, die es ermöglichen, den Überfluss an Rohstoffen zu verwerten, der sonst verderben würde. Frisch gezapfter Palmwein enthält beispielsweise sehr viel Hefe und bestimmte Brotsorten werden mit Palmwein gebacken.
Tee oder Kaffee werden in Äthiopien, in Nordafrika und in einigen anderen afrikanischen Regionen nach den Mahlzeiten serviert. Obwohl Tee, Kaffee und Kakao in den meisten afrikanischen Ländern angebaut werden, tranken die Bauern, ausgenommen in oben genannten Regionen, wo Tee- und Kaffeegenuss zur traditionellen Kultur gehört, selbst eigentlich nie davon. Man baute diese Pflanzen ausschließlich für den Export an, und die wenigen, die Tee und Kaffee zu sich nahmen, waren meist von jenen Ländern gekommen, in die man die Ernten ausführte. Mittlerweile ist das Servieren von Tee oder Kaffee in den Städten anderer afrikanischer Länder Usus geworden. In Nordafrika trinkt man Tee oder Kaffee zum Zeitvertreib wie in anderen Ländern Bier.

Tabus, Verbote, Rituale und andere Bräuche

In jeder Kultur gibt es Gesetze und Bräuche, die mit dem Essen zusammenhängen. Die Vermeidung oder gar das Verbot bestimmter Nahrungsmittel sowie auch die Art und Weise, in der man besondere Lebensmittel zubereiten muss, nehmen innerhalb jeder Gesellschaft verschiedene Ausprägungen an. Diese hängen von Religion, Tradition, Ritualen aber auch vom persönlichen Geschmack und vom Sinn für Ästhetik ab. Die meisten Bräuche beziehen sich auf Fleisch und bestimmte Teile von Tieren, weniger auf pflanzliche Speisen. Islamische Kulturen essen beispielsweise kein Schweinefleisch, aber sie haben auch sehr strikte Regeln, was die Herkunft von Rindfleisch anbelangt. Es ist nicht egal, wer die Kuh geschlachtet hat. Bei manchen Kameruner Volksgruppen dürfen Hühnermägen nur von Männern gegessen werden, meist nur vom Familienoberhaupt oder, bei dessen Abwesenheit, von seinem ältesten Sohn. Hühnermagen wird auch dem Ehrengast vorgesetzt. Wenn man ein Hühnergericht für ein besonderes Ereignis oder für einen besonderen Gast zubereitet, muss es auch den Magen enthalten, da es sonst als unvollkommen angesehen wird. In Äthiopien teilen sich Mann und Frau den Hühnermagen als Zeichen ihrer Liebe.

Manche Tabus betreffen das Geschlecht, den Rang und das Alter der Menschen. Dort, wo manche Fleischarten selten sind, gibt es auch Tabus, die egoistisches Verhalten oder Rangfolgen betreffen. Hier wird der Mann über die Frau gestellt, Kinder kommen nach den Erwachsenen. Manchmal dürfen Frauen und Kinder bestimmte Lebensmittel überhaupt nicht zu sich nehmen. Solche Verbote resultieren aus ökonomischen Gründen, sie werden auf seltene, teure und schwer zugängliche Nahrungsmittel angewandt.

Bei manchen Volksgruppen dürfen Frauen gewisse Speisen, vor allem Fleischspeisen nicht essen. Der Hühnermagen wurde bereits erwähnt. In diesem Teil Kameruns ist es den Frauen auch verwehrt, Tiere zu schlachten. Auch bei den Ambasania in Westkenia wird Fleisch nur den Männern zugestanden, vor allem wenn gerade Mangel herrscht. Dort ist es Frauen und Mädchen im gebärfähigen Alter auch verboten, Milch zu trinken, Männer dürfen keine Nieren essen, da man glaubt, dass dies Unfruchtbarkeit zur Folge haben könnte. Man glaubt auch, dass Frauen von Fehlgeburten heimgesucht würden, wenn sie Wild zu sich nehmen.

Respekt vor dem Alter bedeutet, dass der beste Anteil der Mahlzeit dem ältesten Mitglied der Familie serviert wird, meist handelt es sich dabei um das männliche Familienoberhaupt. Manchmal besteht die Kost von schwangeren Frauen hauptsächlich aus Getreide und Gemüse. In Mittel- und Oberschichtfamilien wird ein wenig Fleisch diesen Speisezettel aufbessern. Je näher der Zeitpunkt der Geburt, desto mehr Fleisch wird der Mutter zugestanden.

Manche Tabus verbieten den Verzehr von Haustieren wie Hunden oder Katzen. Es gibt zwar Menschen, die diese Tiere essen, doch ist dies in Afrika nicht besonders üblich. Manche Tiere dürfen nicht gegessen werden, weil sie das Totem ihres Stammes sind. Es zu verzehren würde Krankheit und Unglück über die Menschen bringen. Manche Tiere wer-

den als unrein oder hässlich angesehen. In Kamerun gibt es Volksgruppen, die es ihren schwangeren Frauen untersagen, Affen zu essen, da man fürchtet, dass das Kind in ihrem Bauch so hässlich werden könnte wie ein Affe. Im südlichen Kamerun isst man Reptilien, vor allem Schlangen, während diese Tiere im Landesinneren als schmutzig und daher nicht für den Verzehr geeignet angesehen werden. Statt dessen gehören dort Insekten wie Heuschrecken und Grillen zum Speiseplan.
Einige dieser Tabus sterben aus. Vor allem in den Städten weiß man nichts mehr darüber. Westliche Kultur und Wissenschaft haben Traditionen verschwinden lassen. Die Tabus sind an Grenzen gebunden und mit steigender Mobilität verschwinden die Grenzen und damit die Tabus.

Symbolgehalt und kulturelle Bedeutung von Speisen

Rituelle Mahlzeiten spielen im traditionellen Afrika eine große Rolle. Man feiert damit bestimmte Ereignisse und Feste. Einige dieser besonderen Speisen, vor allem für Opfer-Rituale, müssen Huhn, Ziege oder Schwein enthalten, wobei das Fleisch entweder im Ganzen oder in besonderer Art und in eine bestimmte Anzahl von Stücken zerteilt serviert wird. Besondere Anlässe sind Hochzeiten, Geburten und Todeszeremonien, der Amtsantritt eines neuen Chefs oder Initiationsriten für Männer oder Frauen. Auch religiöse Feste wie Weihnachten, Ramadan bei den Moslems, oder Erntedankfeste, die traditionell oder christlich beeinflusst wurden, bringen besondere Festessen mit sich.
Bei den Widikum besteht die spezielle Speise für die Geburt eines Kindes aus einem großen Topf mit Kochbananen, die in viel Palmöl zubereitet wurden. Jeder Gast nimmt selbst ein Stückchen Banane und wünscht damit dem Kind alles Gute. In Äthiopien bereitet man für Hochzeiten »Doro Wot« zu, ein Hühnergericht, für das das Huhn in 12 Stücke zerteilt werden muss.
Ein weiteres Beispiel für rituelle Festmahle ist das Yam-Erntedankfest »Injiohuru«, bei den Ibo in Nigeria. Es wird von den Dorf-Ältesten vorbereitet und dient dazu, den Göttern für eine ertragreiche Ernte zu danken. Zugleich bittet man sie, die Menschen bis zum nächsten Fest am Le-

ben zu erhalten. Die Großmütter sind für das Rösten der Yamswurzeln verantwortlich. Die Wurzeln werden in zwei Hälften geschnitten und mit ungebleichtem Palmöl und viel scharfem Chilipfeffer serviert. Das Zerteilen der Yams in zwei Hälften hat eine besondere Bedeutung. Die Götter werden damit befriedigt und das Land für eine noch bessere Ernte im nächsten Jahr gesegnet. Wenn die Wurzeln nicht richtig halbiert werden, beleidigt man die Götter durch Respektlosigkeit. Die Speise wird in bestimmter Weise geteilt: Zuerst wird der hohe Priester, »Eze«, die Yams segnen, bevor er sie der Gemeinde weiterreicht. Frauen und Kinder erhalten ihren Anteil zuletzt. Man beschließt das Fest mit Tänzen und Gewehrsalven. Das Fest wird vor allem für die besondere, »große, weiße Yam« gefeiert.
Festessen werden auch für andere soziale Ereignisse gegeben: wenn ein Haus fertiggestellt wurde, eine neue Schule, Kirche oder ein neues Krankenhaus gebaut wurde, sogar für den Bau einer Brücke oder die Fertigstellung einer Autostraße wird auf dem Land gefeiert. Ebenso zu Neujahr und weiteren Anlässen ähnlicher Art.

Wo isst man traditionell in Afrika?

Auch in Afrika nimmt die Landflucht zu, so dass traditionelle Gerichte, die früher nur zu Hause serviert wurden, heute auch in öffentlichen Speisehäusern angeboten werden.
Manche Restaurants und Hotels in den größeren Städten bieten heute einige wenige einfache traditionelle Gerichte an. Am besten geht man jedoch in eines der vielen lokalen Speisehäuser, die sich auf örtliche, traditionelle Küche spezialisiert haben. In Kamerun gibt es die populären »Chicken Parlours«, die ihre Gerichte in Wohnzimmeratmosphäre servieren. Während der Kolonialzeit entstand der Begriff »parlour«, Salon, für das Wohnzimmer. In den »Chicken Parlours« bekommt man hauptsächlich gegrilltes Huhn oder auch gegrillten Fisch mit gerösteten Kochbananen und Kartoffeln. Einige kleinere Restaurants haben sich auf ein Gericht spezialisiert, dessen Namen sie auch tragen, so z.B. die »Achu-Häuser«, die auch nach ihren Besitzern benannt werden. Ähnliche Speisehäuser wird man in den größeren Städten im ganzen Kontinent finden. Der beste Ort, echtes traditionelles Essen zu sich zu nehmen ist trotz allem zu Hause, bei der Familie, wo man sich auch an der legendären afrikanischen Gastfreundschaft erfreuen kann.

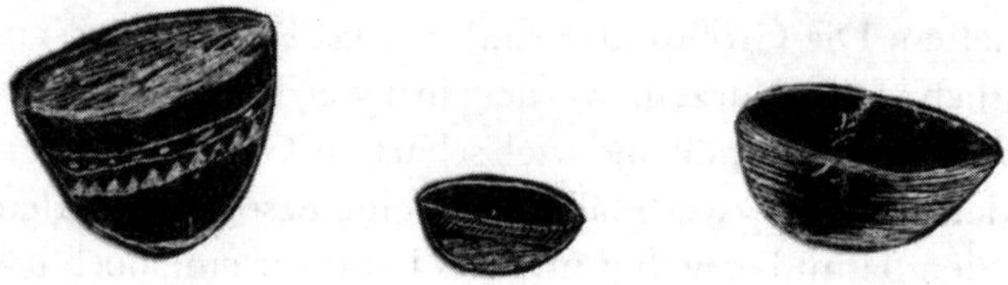

GLOSSAR

Achu
Dies ist der Name eines Gerichts aus Colocasia Cocoyams. Die Knollen werden gekocht, püriert und zu einer dicken Paste verarbeitet.
Ersatz: Siehe Rezept. Kartoffelpüree

Akob
Die Rinde eines tropischen Baumes. Sie wird zu einem feinen Pulver vermahlen und als Gewürz, vor allem in Bohnengerichten und Suppen, verwendet.
Ersatz: Muskatblüte, Muskatnuss. Akob hat allerdings ein sehr eigenes Aroma, das mit oben Genanntem nicht ganz erreicht werden kann.

Anchia
Breite, dunkelgrüne Blätter eines tropischen Busches. Sie werden als Gemüse gegessen.
Ersatz: Spinat, Fii, Mangold, andere Blattgemüse.

Ateb
(Ghana: Kontomine)
Junge Blätter der Colocasia Cocoyams. Sie müssen gut gekocht werden, um Halsjucken zu verhindern.
Ersatz: Spinat, Blattsalat.

Atzoh
Die Frucht einer tropischen, auf Hügeln wachsenden Pflanze, deren zimtähnliche Samen (Mbongo) getrocknet zum Würzen verwendet werden. Die Frucht schmeckt süß und wird frisch gegessen.

Banku
Ein Gericht aus fermentiertem Maismehl.
Ersatz: Siehe Rezept.

Baobab
Die Frucht des Baobab-Baumes, der in den meisten west- und ostafrikanischen Ländern wächst. Das Fruchtfleisch schmeckt leicht säuerlich und wird gern zu Säften verarbeitet.

Baumtomaten
Die ovalen Früchte eines tropischen Busches. Reif sind sie gelb. Das Fruchtfleisch wird wie das von Tomaten verwendet.
Ersatz: Tomaten.

Bobolo
Siehe auch Miondo. Bobolo wird in größere Portionen zerteilt und in Blätter eingewickelt. Es besteht aus fermentierter Kassava-Paste.
Ersatz: Siehe Rezept.

Bush-beef
(Busch-Rind)
Bush-beef nennt man in Westafrika das Wild, also auf der Jagd erlegte größere Tiere und Vögel: Antilope, Springbock, Hase, Stachelschwein usw. Das Fleisch wird oft konserviert und zusätzlich zu frischem Fleisch in Saucen und Fleischspeisen verwendet.
Ersatz: Rind, Huhn, Truthahn.

Bitter leaves
Die Blätter eines tropischen Busches. Sie schmecken sehr bitter und müssen daher vor dem Kochen zerstampft oder geraspelt, dann mehrmals abgespült werden, um den Geschmack abzumildern.
Ersatz: Endivien, Chicorée, Wirsingkohl-Blätter.

Chili, Chili-Pfeffer, Chilischoten
(auch scharfer Pfeffer oder Piri-Piri)
Kleine, rote, gelbe oder grüne Schoten. Meist zerstampft oder mahlt man sie, um daraus ein sehr scharfes Gewürz herzustellen.
Ersatz: Scharfe Pfefferoni.

Cocoyam
(auch Eddoe; in der Karibik: Tannia oder Taro)
Eine tropische, stärkehaltige Knollenfrucht. Das essbare Mark ist ein wenig klebrig und darf nicht roh konsumiert werden.
Ersatz: Kartoffel, Yam, Kassava.

....

Colocasia Cocoyam
(auch: Dasheen, Taro, Yantia)
Eine besondere Art der Cocoyams, viel kleiner als diese, mit haariger Haut.
Ersatz: Kartoffel, Yam, Cocoyam.

Egusi
(auch: Egushi, Pepitas)
Melonen- oder Kürbiskerne. Sie dienen, in gemahlener oder pürierter Form als Bindemittel für Saucen. Heute gewinnt man aus ihnen auch Öl. Man verwendet die dunkelgrünen oder weißen Arten. Nehmen Sie die getrockneten aber ungerösteten Kerne!
Ersatz: Fein gemahlene Mandeln oder ganze, schaumig geschlagene Eier.

Eru
Die jungen Blätter einer im Tropenwald wachsenden Rebe. Die Blätter sind hart und müssen daher vor dem Kochen sehr fein geraspelt werden.
Ersatz: Spinat, Mangold.

Felom
Die Samen eines tropischen Baumes. Sie werden als Gewürz verwendet und entwickeln ein stärkeres Aroma, wenn man sie anröstet und zerstampft.
Ersatz: Akob, Muskatnuss.

Fermentiertes Maismehl
Gemahlene Maiskörner werden 2-3 Tage in Wasser eingeweicht, getrocknet und nochmals fein gemahlen. Siehe Grundrezepte.
Ersatz: Normales Maismehl.

Fii
(heißt »grün« im Pidgin-Englisch; in der Karibik: Callibu oder Callabo)
Ein grünes Blattgemüse, das hauptsächlich in tropischen Regionen wächst.
Ersatz: Spinat, Kochsalat.

Fufu
(Foofoo, Ugali, Nshima, Eba)
Ein dicker Brei aus gekochtem Maismehl. Fufu heißen auch pürierte, gekochte Knollenfrüchte oder Kochbananen.
Ersatz: Siehe Rezepte.

Fünüsongnu
(Fusung)
Die Triebe des Elephantengrases.
Ersatz: Fein geraspelte Bambussprossen.

Gari
(in Nigeria: Eba)
Eines der beliebtesten aus Kassava hergestellten Produkte. Kassavagrütze. Siehe Grundrezepte.
Ersatz: Gries, zerstoßene Yamwurzel oder Fufu.

Ghee
Butterschmalz (geläuterte Butter). In Äthiopien und Marokko ist es auch gewürzt. Für die Würzung siehe Grundrezepte.
Ersatz: Zerlassene Butter.

Harissa
Eine nordafrikanische, scharfe Gewürzmischung, die auch ins Couscous kommt. Siehe Rezept.

Hirse
(In Äthiopien: Teff)
Ein in Ost- und Südeuropa sowie in manchen Teilen Afrikas und den USA angebautes Getreide.
Ersatz: Gari oder Gries.

Injera
Ein äthiopisches, flaches Brot, ähnlich sehr dünnen Pfannkuchen. Wenn es fertig gebacken ist, entstehen kleine Löcher auf der Oberfläche. Meist wird es aus Teff-Mehl gemacht. Injera gehört in Äthiopien zu den Grundnahrungsmitteln.
Ersatz: Siehe Rezept. Statt des äthiopischen Teff können Sie Weizenmehl oder Hirsemehl verwenden.

Kandhira
Siehe Mangold, im Glossar weiter unten.

Kassava
(Maniok)
Tropische Pflanze, deren stärkehaltige Knolle nur im verkochten Zustand essbar ist. Kassava-Knollen enthalten im rohen Zustand Blausäure!
Ersatz: Kartoffeln oder Yamwurzeln.

Kassavablätter
Die jungen Blätter der Kassava werden als Gemüse verwendet. Sie können auch in manchen europäischen Supermärkten tiefgefroren gekauft werden.
Ersatz: Löwenzahn oder Mangold.

Kieng
Die winzigen schwarzen Samen eines tropischen Baumes. Sie sind in einer Knospe eingeschlossen. Die ganzen Knospen werden zermahlen und für manche Saucen als Gewürz verwendet.
Ersatz: Felom oder Akob.

Kilichi-Gewürz
Sonnengetrocknete, dünne Rindfleisch-Streifen, ähnlich dem südafrikanischen Biltong.

Kochbanane
(In Uganda: Matoke)
Die Früchte eines tropischen Busches. Sie ähneln Bananen, sind aber üblicherweise härter. Sie können grün, halbreif oder voll ausgereift wie Bananen verkocht werden. Reife Kochbananen werden auch gebraten.
Ersatz: Bananen. Siehe auch Tips.

Kochbananenblätter
Siehe präparierte Kochbananenblätter weiter unten bzw. siehe Tips.

Kumkum
(Tapioka)
Gericht aus feinem, fermentiertem Kassava-Mehl.
Ersatz: Gari, Gries, Fufu. Siehe Rezept.

Kürbisblätter
Die jungen Kürbisblätter werden als Gemüse verkocht.
Ersatz: Spinat, Mangold, Kartoffelblätter.

Mangold
Ein dunkelgrünes Blattgemüse mit sehr breiten Blättern.
Ersatz: Spinat, Chinakohl, Kochsalat.

Mbongo
Die Frucht einer im tropischen Hügelland wachsenden Pflanze, deren getrocknete Samen als Gewürz verwendet werden. Die frische Frucht ist süß und wird roh gegessen.

Maniok
siehe Kassava

Mealie Meal
(in Sambia: Nshima)
Der Name für Maismehl in Süd- und Ostafrika. Siehe Grundrezepte.
Ersatz: Gari oder Gries.

Miondo
Ein Gericht aus fermentierter Kassava-Paste. Gekochtes bzw. vorgekochtes Miondo wird auf vielen westafrikanischen Märkten verkauft.
Ersatz: Siehe Rezept.

Mpa
Ein grünes Gemüse mit sehr kleinen Blättern, ähnlich dem Spinat. In Kamerun sehr häufig verwendet.
Ersatz: Spinat.

Niki
(in Kamerun: Kangwa, Ghana: Kang, Nigeria: Kwam)
Eine alkalische Flüssigkeit aus gewässerter Holzasche oder der verbrannten Rinde des Kochbananenstrauchs. Niki sieht etwa wie Sherry-Essig oder schwarzer Tee aus. Es neutralisiert das Palmöl in der Achu-Sauce. Die chemische Reaktion mit dem Öl verleiht der Sauce eine gelbliche Farbe. Niki wird auch als Weichmacher und als Konservierungsmittel benützt.
Ersatz: Backsoda (2 Teelöffel in ein Glas heißes Wasser).

Njamanjama
Ähnlich wie Fii, aber mit kleineren, dunkleren Blättern.
Ersatz: Mangold, Spinat, Kochsalat, Fii.

Njangsa
(Njasang)
Eine afrikanische Öl-Nuss, die man zermahlt und als Gewürz oder als Bindemittel für Saucen verwendet. Njangsa hat einen sehr eigenen Geschmack.
Ersatz: Mandeln.

Nku
Die Rinde eines tropischen Buschwerks, aus der man durch Kochen und Ausquetschen eine klebrige Flüssigkeit gewinnt. Man verwendet Nku in manchen Saucen.
Ersatz: Okra-Schoten.

Ogbono
(im Pidgin-Englisch Busch-Mango genannt; in Nigeria: Okwong)
Samen bzw. Bohnen eines tropischen Baumes. Sie sind rund und flach. Man trocknet und mahlt sie und verwendet sie für Hühner-Saucen. Ogbono hat, ähnlich wie Okra, eine klebrige Konsistenz. Man kann auch die frischen Samen verwenden.
Ersatz: Okra, Nku.

Okongobong
Die Blätter einer tropischen Kletterpflanze; werden als Gemüse verkocht.
Ersatz: Spinat, Chinakohl, Njamanjama.

Okra
(Weika, Bamies, Ladyfingers)
Eine kleine, mit winzigen Härchen versehene Schote, die klebrig wird, wenn man sie hackt oder püriert und dann kocht. Okra wird als Gemüse oder in Saucen und Suppen gegessen. Die Schoten sind frisch, getrocknet oder tiefgefroren erhältlich. Okra wird in vielen Teilen der Erde gegessen, sie kommt in Asien, Afrika, dem Mittelmeer-Raum und Südamerika vor. In manchen Ländern werden die jungen Blätter und Schoten getrocknet, zu Pulver vermahlen und in Flaschen aufbewahrt.
Ersatz: Ogbono, Baobab-Blätter, Nku. Siehe Tips.

Okworokwo
(Stockfisch)
Getrockneter Stockfisch.
Ersatz: Getrockneter oder geräucherter Fisch. Siehe Tips.

Palmöl
(in Honduras: Dende)
Gelb-orange-farbiges Öl aus der Frucht des Palmnuss-Baumes. Wenn man es erhitzt, wird es heller, ähnlich wie Erdnuss- oder Maisöl.
Ersatz: Speiseöl verrührt mit etwas Tomatenmark. Sie werden zwar die Farbe, nicht aber den Geschmack von Palmöl erhalten. Wenn Sie Achu-Sauce zubereiten, gibt es für das Palmöl keinen Ersatz.

Palmnuss-Fruchtfleisch
(Palmnuss-Mark, Manchmal unter »Palmnuss-Creme« erhältlich)
Dies ist das feste Fleisch der Palmnuss oder der Palmfrucht. Man erhält es, indem man Palmfrüchte kocht, sie dann zerstampft, um das Mark herauspressen zu können. Heute wird es in Dosen konserviert und exportiert.

Plum – afrikanische Pflaume
(Im Pidgin-Englisch: Bush butter)
Die Frucht eines tropischen Baumes. Sie ist oval und violett, wenn sie ganz reif ist. Ihr Fleisch ähnelt der Avocado, schmeckt aber leicht säuerlich.
Ersatz: Avocado.

Präparierte Kochbananen-Blätter oder präparierte Bananenblätter
Die Blätter der Bananen- oder Kochbananen-Staude werden über einer Flamme biegsam gemacht. Die weichen Blätter werden zum Einwickeln von Speisen benützt, die man dämpfen will, oder zur Lagerung und für den Transport vorgesehen hat.
Ersatz: Aluminium-Folie. Siehe auch Tips.

Rote Schalotten
Eine ganz kleine Zwiebelart mit roten Häuten.
Ersatz: Rote Zwiebeln.

Samp
(in Kamerun: Kende)
Ein südafrikanisches Gericht aus eingeweichten und gespaltenen Maiskörnern.
Ersatz: Couscous oder Reis. Siehe Rezept.

Schwarzaugen-Bohne
Eine kleine weiße Bohnensorte mit einem schwarzen Punkt auf der Haut. Sie wird oft für Kokis, Mai-Mai oder Akras verwendet.
Ersatz: Weiße oder braune Bohnen.

Sosaties
Anderer Name für Suya oder Kebab. Auf Spießen gegrillte Fleisch-Stücke.

Süßkartoffelblätter
Die jungen Blätter der Süßkartoffel; sie werden als Gemüse verkocht.
Ersatz: Spinat, Mangold, Kürbisblätter.

Teff
Eine äthiopische Hirseart.
Ersatz: Weizenmehl.

Wasserkresse
Eine spinatähnliche Pflanze mit kleineren, aber festeren Blättern. Sie enthalten mehr Wasser und werden gern gemeinsam mit hart-blättrigen Pflanzen wie Eru gekocht.
Ersatz: Spinat.

Wagu
Die jungen Blätter der Schwarzaugen-Bohne, als Gemüse verkocht.
Ersatz: Fii, Spinat.

Yams
Yamwurzeln (in Senegal: Nyami; in Indien: Elephantenfuß)
Die stärkehaltige Knolle mehrerer Arten von rebenähnlichen Kletterpflanzen. Es gibt weiße, gelbe und süße Yams.
Ersatz: Kartoffel, Cocoyam, Süßkartoffel.

WICHTIGE TIPS UND HINWEISE

Zu Beginn einige Bemerkungen, die alle Rezepte betreffen.

- Wenn in einem Rezept von einer Schale die Rede ist, handelt es sich um 1/4 Liter.
- Ich habe in den Rezepten mit Rindfleisch vielfach offen gelassen, welcher Teil des Rinds zu verwenden ist. In Afrika ist es üblich, sich erst am Markt, je nach Angebot und Qualität, für eine Sorte zu entscheiden. Als Faustregel gilt: Nehmen Sie für die Saucen und Ragouts bzw. für alle Rezepte, bei denen das Fleisch gedünstet wird, ein saftiges aber mageres Stück, das sich auch für Gulasch verwenden ließe.
- Wenn Räucherfleisch im Rezept angegeben ist, können Sie das vorgeschlagene geräucherte Rindfleisch durchaus durch geselchtes Schweinefleisch ersetzen.
- Wenn Sie auf Ihrem Markt geräucherten Trockenfisch nicht finden, verwenden Sie einfach geräucherten Fisch (am besten Makrele, Schillerlocken oder Aal), ohne ihn allerdings in Wasser einzuweichen. Weichen Räucherfisch sollten sie nicht so lange kochen wie die getrockneten Sorten, lassen Sie ihn einfach 10 Minuten vor dem Anrichten in der Speise mitköcheln. Trockenfisch, auch Stockfisch genannt, müssen Sie vor dem Kochen mindestens 2 Stunden wässern.
- Wie beim Fleisch sind auch die Fischsorten in den Rezepten zumeist nicht benannt. Auch hier gilt, dass der Fisch nach seiner Qualität ausgesucht wird. Nehmen Sie, wenn nicht anders angegeben, Fische mit festerem Fleisch, z.B. frischen Lachs, Forelle, Dorsch oder St. Peters-Fisch.

Einiges Wissenswerte über afrikanische Speisen

Suppen

Suppen, wie sie in der westlichen Welt serviert werden, gehörten ursprünglich nicht zu afrikanischen Mahlzeiten. Unter europäischem Einfluss haben jedoch einige afrikanische Haushalte Suppen in ihr Menü einbezogen. In großen Teilen Westafrikas verwendet man den Ausdruck Pfeffersuppe, weil Pfeffer oder Chili unbedingt dazu gehören. Manchmal werden sie auch als Sauce serviert. Pfeffersuppen sind beliebt in den kleinen städtischen Trink- und Essstuben. Man bietet sie auch Reisenden an Hauptverkehrsstraßen an.

Stews, Ragouts und Saucen

Was man in Afrika Stew oder Ragout nennt, ist nicht vergleichbar mit dem Irish-Stew oder ähnlichen Gerichten. Afrikanische Stews oder Ragouts werden üblicherweise mit sehr viel Öl zubereitet. Man kann Palmöl, aber auch jedes andere Pflanzenöl verwenden. Die Grundlage aller einfachen Schmortöpfe bilden goldbraun angeröstete, feingehackte Zwiebeln, denen Tomatenmark und Gewürze beigefügt werden. Variationen ergeben sich durch die verschiedenen Gemüse- oder Fleischsorten, die dem Zwiebel-Tomatengemisch hinzugefügt werden. Man serviert Stews und Ragouts entweder mit gekochtem Reis, mit Kochbananen oder anderen stärkehaltigen Knollenfrüchten.
Für Saucen verwendet man weniger Öl und Tomatenmark. Sie werden ähnlich wie die Schmortöpfe, aber mit mehr Wasser oder Suppe gekocht. Ein wichtiges Ingredienz ist Blattgemüse in verschiedenen Variationen. Als Bindemittel verwendet man gern gemahlene oder pürierte Kürbiskerne oder Erdnüsse, ebenso Bohnen, Mais oder andere Hülsenfrüchte. Die Kochkunst der Gastgeberin wird an der Güte ihres Schmorgerichts oder ihrer Sauce gemessen. Zu Saucen reicht man Reis, Kochbananen, Gari, stärkehaltige Knollenfrüchte, Fufu oder Getreide.

Saucen

Viele Westafrikaner verwenden den Begriff Suppe sowohl für Suppen als auch für Saucen. Die afrikanischen Saucen unterscheiden sich sehr von denen der westlichen Welt, die auf der Basis von Fleischfond zubereitet werden. In Afrika ist die Sauce oft vollwertiges Hauptgericht, jedenfalls aber der wichtigste Bestandteil der ganzen Mahlzeit. Man stellt spezielle Gerichte aus verschiedenen Getreidearten her und isst sie zusammen mit einer besonderen oder einer Variation von Saucen. Die falsche Kombination von Sauce und kohlehydrathaltigen Beilagen wird als Ignoranz gewertet. So zum Beispiel darf man niemals Okra-Sauce mit Reis servieren.

Gemüse

Unter dem Überbegriff Gemüse werden im Folgenden Blattgemüse wie Fii oder Kassava-Blätter aber auch stärkehaltige Nahrungsmittel wie Kochbananen, Kürbis, Yams, Kartoffeln und andere Knollenfrüchte behandelt. Zwiebeln oder Gemüsesorten wie Okra, Tomaten oder Auberginen werden zu Saucen verarbeitet. Die meisten Blattgemüse können einfach gekocht werden oder sie kommen als Zutaten in Fleisch-Saucen oder andere Gerichte.
Die verbreitetsten Knollenarten sind Yamswurzeln, Kassava, Kartoffeln und Cocoyams. Sie werden normalerweise gekocht, können aber auch in anderer Weise zubereitet werden. Gemahlen oder geraspelt, dienen sie auch als Bindemittel für Saucen. Gekochte Knollenfrüchte oder Kochbananen werden oft püriert oder zerstampft und mit Gemüse serviert.

Mais-Gerichte

Mais wird in weiten Teilen Afrikas angebaut. Einige Gerichte bereitet man aus frischen oder getrockneten Maiskörnern. Frische Maiskolben werden geröstet oder gekocht. Die getrockneten Maiskörner werden zu Mehl verarbeitet, das man auf unterschiedliche Art weiterverwendet. Sehr verbreitet ist Fufu, ein dicker, in Wasser gekochter Brei.

Fufu-Gerichte

Fufu oder Foofoo nennt man in Westafrika einen dicken Brei aus in Wasser gekochtem Maismehl. Im Glossar finden Sie einige andere der vielen Namen, die in Afrika für diesen Brei gebräuchlich sind. Man kann auch Reis- oder Hirsemehl in dergleichen Weise verkochen. Gestampftes

Fufu erhält man aus gekochten Knollenfrüchten oder Kochbananen, wobei sich sehr schmackhafte Variationen ergeben, wenn man zwei verschiedene Knollenarten oder eine Knollenfrucht und Kochbananen miteinander kombiniert. Man serviert Fufu immer mit einer Fleisch- oder Gemüsesauce, z.B. einer Erdnussbutter-, Okra- oder Kürbiskern-Sauce.

Reis, Getreide und Hülsenfrüchte

Reis stellt gleich nach dem Mais einen der wichtigsten Rohstoffe der afrikanischen Küche dar. Es gibt unzählige Reisgerichte, ich habe hier nur einige der beliebtesten aufgenommen. Hirse, Erbsen und Bohnen werden ebenfalls auf verschiedene Art zubereitet, wobei Bohnen sehr proteinreich sind. Soya wird gern als Fleischersatz gegessen.

Fleischgerichte

Im Folgenden stehen Rezepte, bei denen Rindfleisch, Lamm, Schwein, Wild, Fisch und Geflügel im Vordergrund stehen. Die Zubereitungsarten erstrecken sich vom Grillen, über Dämpfen, Dünsten bis zum Braten. Meist wird Fleisch jedoch in einer Sauce verarbeitet, die man zu einer der stärkehaltigen Speisen isst. In der traditionellen afrikanischen Küche wird jegliches Fleisch als Zutat in Saucen gemischt. Die Hausfrau entscheidet zunächst, welches Gemüse oder welches stärkehaltige Basisgericht sie kochen will. Dann erst kauft sie das passende Stück Fleisch, Geflügel oder Wild, das gut zur Sauce passen könnte. Hier unterscheidet sich die afrikanische Küche wesentlich von der westlichen, wo Fleisch das Hauptgericht ausmacht, während Gemüse nur als Beilage dient. Diese Vorgangsweise gilt zwar für die meisten afrikanischen Gesellschaften. Es gibt allerdings einige Völker, die sich hauptsächlich von Fleisch ernähren, so die meisten Viehzüchter, wie die Masai in Ostafrika. Mittlerweile haben auch Meeres- oder See- und Flussanrainer begonnen, sich verstärkt von Fisch zu ernähren.

Eintopf-Gerichte

Hier werden Fleisch, Gemüse und eine stärkehaltige Knollenfrucht miteinander gekocht. Spezielle Zutaten, wie fermentierte Kürbiskern-Paste oder fermentierte Bohnen-Paste, die man ca 10 Minuten vor dem Ende der Kochzeit hinzufügt, geben den Eintopf-Gerichten ihr ganz besonderes Aroma.

Snacks

Die meisten der hier im Buch enthaltenen süßen oder salzigen Snacks werden auf der Straße oder auf Märkten verkauft. Oft sieht man kleine Kinder mit großen Tabletts ihre Ware feilbieten. Manche dieser kleinen Verkäufer haben auch feste Stände und verkaufen dort ihre Akra, Dodo oder Chinchin.

Grundrezepte

Gari

Gari wird aus Kassava-Schrot gemacht. Sehr beliebt in Zentral- und Westafrika, wird es kalt, als Snack oder gekocht mit einer Sauce als Hauptgericht serviert. Frische geraspelte Kassava wird in einem Sack ca 3-4 Tage zum Fermentieren aufgehängt, dann in einer Pfanne mit ein wenig Palmöl geröstet. Heute wird Gari auch industriell hergestellt und exportiert.

Mealie meal
Dicker Maisbrei

Südafrika – Für 6-8 Personen

Mealie meal-Brei wird vorzugsweise mit einem Stew gegessen. Meist verwendet man gelben Mais, aber in manchen Gegenden bevorzugt man weißen Mais.

4 Schalen Wasser
1/2 Teelöffel Salz
700 g grobes Maismehl

Das Wasser mit Salz in einem großen Topf zum Kochen bringen. Die Hitze reduzieren und das Maismehl ins Wasser geben, nicht umrühren! Zudecken und ca 10 Minuten köcheln lassen. Nun den Brei mit einem Holzlöffel umrühren. Er sollte eher grob und krümmelig sein. Die Flamme ganz klein drehen, den Topf abermals zudecken und weitere 20-25 Minuten köcheln. Der Brei wird heiß mit Tomato-Bredie oder einem anderen Stew oder Ragout gegessen.

Fermentiertes Maismehl

Mais wird 3-4 Tage in Wasser eingeweicht, die Häute durch Zerstoßen im Mörser von den Körnern getrennt und die Körner gemahlen oder fein zerstampft. Man kann die Körner vor dem Einweichen spalten, was das Entfernen der Häute erleichtert.

Fermentierter Maisteig

Den Mais 3 Tage lang in Wasser einweichen, dann das Wasser abgießen. Die Maiskörner schälen und im Mörser zerstampfen oder in der Küchenmaschine zermahlen. Wieder mit ein wenig Wasser vermischen, zudecken und weitere 3 Tage zum Fermentieren stehen lassen. Dieser Teig kann sowohl für Kenke, wie auch für andere Gerichte verwendet werden.

Kassava-Mehl

Kassava-Mehl herzustellen ist sehr aufwendig. Daher empfiehlt es sich, größere Mengen davon auf Vorrat zu machen.
Die Kassavas werden geschält, gewaschen und gerieben. Kleine Bällchen formen und in einem flachen Korb in der Sonne trocknen lassen. Vor Gebrauch wird die gewünschte Anzahl an Bällchen zerstampft und das Pulver durchgesiebt.
Eine andere Methode besteht darin, die Kassavas zu schälen, zu waschen, in Scheiben zu schneiden und dann zu blanchieren. Danach werden sie ebenfalls in einem flachen Korb oder auf einer Matte in der Sonne getrocknet und zu Mehl zerstampft. Das Mehl wird entweder gleich nach dem Zerstampfen in Behälter gefüllt oder vor dem Aufbewahren nochmals getrocknet. Zur Aufbewahrung eignen sich am besten luftdichte Gefäße.

Fermentiertes Kassava-Stärkemehl für Fufu

Die Kassavas schälen und die holzige Faser im Inneren der Wurzel entfernen, bevor man sie wäscht. In einer großen, hohen Schüssel stapeln. Es ist wichtig, die Kassavas mit Wasser zu bedecken. Nach 3-4 Tagen nimmt man sie aus dem Wasser, wäscht und reibt sie. Die geriebenen Kassavas in einen sauberen Leinen- oder Baumwollsack geben, und unter einem schweren Gewicht ca 1 Tag lang pressen. Nun wird die geraspelte Kassava zerstampft und in einer Schüssel mit kaltem Wasser bedeckt. Sie sollte etwa 4 Stunden stehen, damit sich die Stärke absetzen kann. Ersetzen Sie das Wasser einige Male durch frisches, kaltes, wobei das Stärkemehl immer unter Wasser stehen muß. Zur Lagerung das Wasser abschütten und immer soviel entnehmen, wie Sie für ihr Fufu gerade brauchen.

Kokosmilch

Weichen Sie 500 g Kokosflocken in ca 4 Schalen heißem Wasser ein. Mindestens 1 Stunde wässern! Die Milch wird aus den Flocken herausgepresst und verwendet. Die ausgepressten Flocken nicht verwenden!
Die frische Kokosmilch können Sie folgendermaßen ersetzen: Verwenden Sie entweder 2-3 Esslöffel konzentrierter Kokosmilch fertig gekauft oder die gleiche Menge gepresstes Kokosmark, das man auf manchen Märkten und in Asia-Shops bekommt.

Ghee

Ghee ist geläuterte Butter oder Butterschmalz. Man kann Ghee auch folgendermaßen würzen:

2 Schalen Ghee oder frische Butter
2 feingehackte Zwiebeln
2 Teelöffel Curry
Salz nach Geschmack

Das Ghee in einer Pfanne erhitzen. Alle anderen Zutaten hinzufügen und etwa 5 Minuten köcheln lassen. Danach durch ein Drahtsieb drücken und die Würzbutter in einer Flasche mit weitem Hals für den weiteren Gebrauch aufbewahren.

Gewürzmischungen

Gesegnet mit einer Vielfalt an Kräutern und Gewürzen bietet der afrikanische Kontinent neben heimischen Sorten auch die in Europa bekannten, wie Thymian, Basilikum, Muskat, Gewürznelken und Chilischoten, um nur einige zu nennen. Unzählige Sorten, die auch in diesem Buch gar nicht verwendet werden, sind bis heute noch nicht in den Regalen westlicher Gourmetläden zu finden. Allerdings bieten mehr und mehr Spezialitäten-Handlungen Gewürze aus aller Welt an. Einige verschikken ihre Waren auf Anfrage per Post, viele findet man im Internet.
Im möchte hier ein paar der gängigen Gewürzmischungen, die man aber immer nach eigenem Geschmack verändern kann, angeben.

Achu-Mischung

Kamerun/Westafrika

4 Esslöffel Akob-Pulver
2 Teelöffel geröstetes Kieng-Pulver
2 Teelöffel geröstetes, gemahlenes Bohnenkraut
2 Esslöffel geröstetes Felom-Pulver
1 Esslöffel gemahlener schwarzer Pfeffer
3 Teelöffel Ingwer-Pulver
1 Teelöffel Salz

Mischen Sie alle Ingredienzien und lagern Sie das Gemisch in einer luftdicht verschlossenen Dose an einem kühlen Ort. Es hält sich 2-3 Monate.

Würzige Erdnuss-Soja-Mischung

Westafrika

2 Schalen geröstete, gemahlene ungesalzene Erdnüsse
1/4 Schale scharfes rotes Chilipulver
1 Teelöffel Salz
1 Teelöffel schwarzer Pfeffer

Alle Zutaten mischen und in einem Gefäß aufbewahren. Nachdem Sie das Soja (dünne Fleisch-Streifen) oder Fleischwürfel gegrillt haben, streuen Sie etwas von der Gewürzmischung darauf. Servieren Sie gesondert auch eine Chili-Sauce dazu.

Chili in Whisky

Burundi

Füllen Sie eine leere Whiskyflasche zu zwei Drittel mit scharfen, roten Chilischoten oder einer anderen scharfen Pfeffersorte. Mit Whisky auffüllen. Die Flasche dicht verschließen und 10 bis 14 Tage an einen kühlen Ort stellen, bevor Sie das Gewürz verwenden. Schütteln Sie die Flasche mindestens einmal täglich; je länger die Schoten in der Flüssigkeit bleiben, umso schärfer wird diese. Nehmen Sie nur wenige Tropfen auf einaml. Ist die Flüssigkeit fast aufgebraucht, gießen Sie wieder mit Whisky auf. Diesmal wird die Sauce nicht mehr so scharf werden wie beim ersten Mal.

Scharfe Gewürzmischung

Sudan

1 Schale Zitronensaft
3 zerdrückte Knoblauchzehen
2 Esslöffel scharfes Chilipulver oder frisch zerstossene Chilischoten
1 Esslöffel schwarzer Pfeffer
1 Teelöffel Salz
1 Teelöffel fein gehackte Petersilie

Verrühren Sie alle Zutaten, außer der Petersilie, die Sie erst später zum Darüberstreuen brauchen werden, in einer Schüssel und servieren Sie.

Chili-Pfeffer-Sauce

Westafrika

1 Schale Pflanzenöl
2 Schalen frische rote oder gelbe Chilischoten
2 Esslöffel feingehackte Petersilie
1 grosse Zwiebel
1 Teelöffel zerstampfter Ingwer
1/2 Gurke
2 frische Tomaten
1 Prise Salz

Alle Zutaten außer dem Pflanzenöl werden gemeinsam püriert. Das Öl mit allen Gewürzen erhitzen. Gut umrühren. Über mittlerer Hitze ca 15 Minuten dünsten, öfter umrühren. Die Mischung muss auskühlen und wird in Flaschen abgefüllt. Sie heben sie am besten im Kühlschrank auf. Diese Pfeffersauce ist sehr scharf. Als Gewürz auf den Tisch gestellt, nimmt sich jeder nach Geschmack.

Erdnuss-Chili

Westafrika

Eine beliebte Mischung, die in Westafrika zu gegrilltem Fleisch genommen wird. Zuerst wird das vorbereitete Fleisch mit Pflanzenöl eingerieben, dann mit der Gewürzmischung versehen. Nach dem Grillen sollten Sie noch ein wenig von der Mischung über das fertige Fleisch streuen, bevor Sie es servieren. Bereiten Sie eine größere Menge davon vor. Sie können sie für spätere Zwecke aufbewahren.

Für 3 Schalen:

3 Schalen ungesalzene, geröstete Erdnüsse
1 Teelöffel Zimt
1 Teelöffel Muskat
1 Teelöffel Gewürznelken
2 Teelöffel gemahlener Ingwer
1 Teelöffel Salz

Mahlen Sie die Erdnüsse zu einem groben Pulver. Fügen Sie die übrigen Ingredienzien hinzu und vermischen Sie alles gut. In ein luftdicht verschlossenes Gefäß geben und an einem kühlen Ort aufbewahren. Es hält sich 6 Wochen und länger.

Shrimps-Pfeffer-Sauce

Ghana

2 Schalen getrocknete Chilischoten
1 Schale Pflanzenöl
2 geraspelte Zwiebeln
3 kleine Dosen Tomatenmark
2 Esslöffel zerstossener frischer Ingwer
Salz nach Geschmack
2 Schalen gemahlene geräucherte Shrimps oder getrocknete Krabben

Die Chilis werden in 1 Schale Wasser eingelegt und zur Seite gestellt. Die Zwiebeln werden im erhitzten Öl ca 2-3 Minuten lang unter ständigem Umrühren angebraten, dann das Tomatenmark hinzufügen. Die Paste sollte bei mittlerer Hitze ca 10 Minuten lang dünsten. Währenddessen werden die Chilis püriert und dann mit dem Ingwer, Salz, Pfeffer und den gemahlenen Shrimps in die Zwiebel-Tomatenmischung eingerührt. Falls die Mischung zu fest wird, rühren Sie ein wenig Öl darunter. Die Chilipaste sollte nun 5 bis 10 Minuten köcheln und dabei ständig umgerührt werden. Füllen Sie saubere Flaschen mit der Sauce und verschließen Sie sie gut. Am besten hebt man die Sauce im Kühlschrank auf, wo sie sich bis zu 2 Monate hält. Man stellt sie als scharfes Gewürz zu den Mahlzeiten auf den Tisch.

Bebere

Äthiopien

In Äthiopien verwendet man diese Mischung für sehr viele Gerichte, wie zum Beispiel Doro Wot (ein Hühnerragout), Lamm, Fisch und weitere Fleisch- oder Gemüsespeisen. Bebere zuzubereiten ist Schwerarbeit, denn es erfordert das Zerstoßen von getrockneten roten Chilischoten, von Ingwer, Knoblauch und anderen Gewürzen. Jede dieser Zutaten wird gesondert zu Pulver zermahlen bzw. zerstampft und man verwendet dafür die traditionellen Geräte wie Mörser und Stössel oder auch den Mahlstein. Ein typisches Rezept wird die folgenden Ingredienzien beinhalten, die alle zuvor in der Sonne getrocknet wurden.

Ingwerwurzel
Rote Pfefferschoten
Zwiebeln
Schwarze Pfefferkörner
Knoblauch
Zimt
Koriander-Samen
Muskat
Gewürznelken
Gewürzsalz
Kardamonschoten und -samen
Scharfe rote Pfefferschoten
Süsses Paprika-Pulver

Zerstoßen Sie oder mahlen Sie jede Zutat für sich und vermischen Sie dann alle in einer Schüssel. Geben Sie die Mischung in ein Gefäß, um das Bebere an einem kühlen Platz aufzubewahren.

Tee-Gewürzmischung

Somalia/Ostafrika

Dies ist eine verschiedener Zusammenstellungen, die Sie als Tee verwenden können. Ich finde diese besonders köstlich und würde Ihnen raten, etwa einen Teelöffel davon für 4 Teetassen zu nehmen. Natürlich ist es immer besser, frisch geröstete Gewürze zu verwenden, aber wenn Sie die Mischung luftdicht verschlossen aufbewahren, wird sie trotzdem gut sein.

Vermischen Sie alle folgenden Zutaten:

1 Esslöffel gemahlener Koriander
2 Teelöffel gemahlene Gewürznelken
2 Esslöffel Kardamonpulver
1 Esslöffel gemahlene Muskatnuss
2 Esslöffel Zimtpulver

Ras el Hanout

Marokko

In Nordafrika kann eine Gewürzmischung bis zu 20 oder noch mehr verschiedene Gewürze enthalten. In den meisten werden Sie das Aroma von Nelken, Salz, Muskat, Zimt, Kreuzkümmel, getrockneten roten Chili, Safran, weißem Pfeffer und sogar von Blütenblättern wiederfinden. Die marokkanische Mischung »Ras el Hanout«, was so viel bedeutet wie »Geschäftsführer«, finden Sie auch in Europa in Spezialitätenhandlungen. Eine typische Zusammenstellung für Ras el Hanout würde Macis (Muskatblüten), Zimt, Muskat, Kümmel, Nelken, Ingwer, Lavendel, Rosenknospen, Fenchel, schwarzen Pfeffer, Kardamon, Kurkuma und eine Auswahl regionaler Blätter, Wurzeln, Baumrinde und Beeren beinhalten. Hier gbe ich ein einfacheres Rezept für Ragouts und Saucen (Tagines) an.

2 Teelöffel weisser Pfeffer
1 Teelöffel Zimt
2 Teelöffel Ingwer, gemahlen
2 Teelöffel Kurkuma
1 Teelöffel Muskat

Rösten Sie die Pfefferkörner in einer Pfanne, bevor Sie sie mahlen. Vermischen Sie dann den Pfeffer mit allen anderen Gewürzen.

Harissa

Nordafrika

Dieses Gewürz wird in Nordafrika sehr häufig benutzt. Man serviert es zu gegrilltem Fleisch oder gibt es in Suppen und Saucen für Couscous.

1 Schale getrocknete rote Chilis
2 Esslöffel Koriander
2 Esslöffel Kreuzkümmel
4-5 Knoblauchzehen
1 Teelöffel Salz
1 Schale Olivenöl

Entfernen Sie die Stiele der Chilischoten und wässern Sie diese 20 bis 25 Minuten lang. Rösten Sie Koriander und Kreuzkümmel, bevor Sie sie zu Pulver zermahlen. Lassen Sie die Chilis abtropfen und pürieren sie im Mixer. Verrühren Sie sie nun in einer Schüssel mit dem Öl und fügen Koriander, Kreuzkümmel, zerdrückten Knoblauch und Salz hinzu, so dass eine Paste entsteht. Nun füllen Sie das Harissa in ein Gefäß, träufeln etwas Olivenöl darauf, was beim Konservieren hilft, und heben es im Kühlschrank auf.

Curry

Sie können sich Ihre Curry-Mischung selber zubereiten – Sie schmeckt sicher besser als ein gekauftes Curry-Pulver! Mischen Sie:

1 Teelöffel Kreuzkümmel, gemahlen
1/2 Teelöffel Ingwer, gemahlen
1/2 Teelöffel Cayennepfeffer
2 Teelöffel Koriander, gemahlen
1 Teelöffel schwarzer Pfeffer, gemahlen
1 Teelöffel Kurkuma (Gelbwurz)
1/2 Teelöffel Zimt
1/2 Teelöffel Gewürznelken, gemahlen
1 Messerspitze Kardamon, gemahlen
1 Teelöffel getrocknete Zitronenschale, gemahlen

Konservierte Fisolen (grüne Bohnen)

Südafrika

In Südafrika konserviert man Gemüse oft in gewürztem Öl. Man hat dieses Verfahren von den Malaien und Indern gelernt, die dort »Atjars« gerufen werden. Atjar bedeutet eigentlich in Fischöl eingelegtes Obst oder Gemüse aber man kann durchaus andere Öle benutzen. Man serviert sie als Beilage zu Curries oder anderen Hauptgerichten.

1 kg frische Fisolen
2 Esslöffel Salz
1 Schale Pflanzenöl
je 2 Esslöffel Curry und Kurkuma
2 Esslöffel fein gehackte scharfe rote Chilis
2 Esslöffel zerdrückter Knoblauch

Entfernen Sie die Fäden der Fisolen, waschen sie und schneiden sie der Länge nach in zwei bis drei Streifen. Blanchieren Sie die Fisolen und legen sie dann in eine Schüssel. Salz dazu geben und für zwei Stunden beiseite stellen.
Die Fisolen werden nun abgetropft und mit Küchenpapier abgetupft, dann in einen Krug gelegt.
Das Pflanzenöl soll nun auf kleiner Flamme erhitzt, dann Curry und Kurkuma hinein gerührt werden. Nun kommen Chili und Knoblauch hinzu. 2-3 Minuten köcheln lassen, das Gewürzöl über die Fisolen gießen und etwa eine Stunde auskühlen lassen, bevor Sie alles in den Kühlschrank stellen. Warten Sie 2-3 Tage, bevor Sie es servieren.

Wie man Zutaten aufbewahrt

Gari (Kassava-Grütze)
Am besten heben Sie es in einem Leinensack an einem kühlen Ort auf. Es hält sich auch einige Monate lang im Tiefkühler. Handgeschrotetes Gari ist normalerweise nicht so trocken wie das industriell hergestellte; um es länger aufbewahren zu können muss es an der Sonne oder bei kleiner Hitze im Ofen getrocknet werden, dann auskühlen und in einen luftdicht verschlossenen Behälter gegeben oder wie oben beschrieben aufbewahrt werden. Je trockener das Gari, umso länger wird es halten.

Frisches Okra
Bewahren Sie ungewaschene frische Okraschoten im Gemüsefach Ihres Kühlschranks auf. Es verdirbt schneller, wenn Sie es vorher waschen, außer Sie trocknen es mit einem Küchentuch ganz ab. Sie können Okra, am besten die ganzen Schoten, auch einfrieren. Allerdings verlieren in Scheiben geschnittene Schoten etwas von ihrer schleimigen Substanz, die erhalten bleibt, wenn Sie sie ganz in den Tiefkühler legen.

Egusi (Kürbiskerne)
Gemahlene Egusi können in einem luftdicht verschlossenen Behälter im Regal aufbewahrt werden. Noch besser geben Sie es in einem Täschchen mit Reißverschluss in den Tiefkühler. Ganze Kerne sollten Sie ohnehin tief frieren. Die Kerne kleben dabei nicht aneinander. Frieren Sie kleine Päckchen, je für eine Mahlzeit, ein. Geröstetes Egusi können Sie ruhig im Regal aufheben.

Yam
Weiße Yam sind meist sehr groß und viele Leute verbrauchen sie nicht für eine einzige Mahlzeit. Wenn Sie die Yamswurzel aufschneiden, bedecken Sie die Schnittstelle mit Plastikfolie und legen das Wurzelstück in den Kühlschrank, dort hält es sich einige Tage. Die traditionelle Methode, die Yam am Faulen zu hindern, wäre, die Schnittstelle mit Asche zu bestreichen.

Kochbananen
Reife Kochbananen sollte man, will man sie nicht gleich nach dem Einkauf verwenden, im Kühlschrank aufbewahren, damit sie nicht überreif werden. Sind sie zu reif, lassen sich Kochbananen nicht gut braten, weil sie dann zu viel vom Öl absorbieren.

Grüne Kochbananen sollten auch im Kühlschrank am Weiterreifen gehindert werden. Falls Sie aber den Reifungsprozess im Gegenteil beschleunigen wollen, dann legen Sie die Kochbananen in einem Plastiksack an den wärmsten Ort im Haus.

Shrimps, getrocknet (Crayfish)
Getrocknete Shrimps oder Krevetten riechen sehr streng, also bewahren Sie sie immer in einem luftdicht verschlossenen Gefäß auf. Wenn Sie sie einfrieren, dann geben Sie sie in Tiefkühlbeutel mit Zippverschluss und legen Sie diese in einen Tupperware-Behälter, bevor sie in den Tiefkühler wandern.

Geräucherter oder sonnengetrockneter Fisch
Bewahren Sie Trockenfisch wie die Krevetten auf. Lassen Sie sich den Fisch zuerst von Ihrem Händler in kleinere Portionen teilen, etwa wie Stockfisch, denn Trockenfisch wird sehr hart und schwer zu zerteilen.

Frische Kokosmilch
Sie sollte im Kühlschrank aufbewahrt werden, wo sie sich einige Tage hält.

Frischer, gemahlener Ingwer
Da viele afrikanische Gerichte mit Ingwer zubereitet werden, kann man eine größere Menge davon vorbereiten und für den Gebrauch aufbewahren. Pürieren Sie ca 2 Schalen frischen, geschälten Ingwer, verwenden Sie dabei Öl, nicht Wasser. Füllen Sie damit zwei Drittel eines Gefäßes und gießen Sie bis zum Rand desselben Öl darauf, damit die Luft ausgeschlossen wird. Heben Sie die Mischung im Kühlschrank auf. Im Regal hält sie sich nicht so lang.
Frischer, gemahlener Knoblauch wird in der selben Art aufbewahrt.

Menyondo und Bobolo
Beide Zutaten entwickeln einen sehr starken Geruch. Wickeln Sie sie in mehrere Plastiksäckchen, bevor Sie sie in den Kühlschrank oder für mehrere Wochen, bis zu drei Monaten in den Tiefkühler legen.

Rohe Süßkartoffeln, Yams und Cocoyams werden wie Kartoffeln im Gemüsekorb aufbewahrt.

Hinweise zur Verarbeitung bestimmter Zutaten

Okra
Besonders frisch püriertes oder fein gehacktes, ja sogar getrocknetes und gemahlenes Okra ist von schleimiger Beschaffenheit. Deshalb ist es in der westlichen Küche nicht besonders beliebt. Es verliert einiges dieser seiner Konsistenz,enn man es in Öl röstet oder wenn man beim Kochen Öl hinzufügt. Schließen Sie den Topf während der gesamten Zubereitungszeit, dann wird Ihjr Okra ebenfalls etwas weniger Schleim produzieren.

Kochbananen
Waschen Sie die Bananen, nachdem sie geschält sind, in kaltem Wasser, bevor Sie sie weiterverwenden. Dies geschieht nicht aus hygienischen Gründen, sondern verhindert, dass die Bananen, ähnlich wie Kartoffeln, schwarz werden. Dasselbe gilt für **Kassava** und **Yamswurzeln**.

Kochbananenblätter
Viele Speisen werden zum Dämpfen in Kochbananenblätter eingewickelt. Diese Blätter sind hart und müssen erst präpariert werden. Hierzu hält man sie über eine Flamme, bis sie weich werden oder blanchiert sie kurz in kochendem Wasser.

Erdnüsse
Falls nicht anders angegeben verwenden Sie bitte für die Rezepte nur ungesalzene, rohe, geröstete oder pürierte Erdnüsse. Man bekommt geschälte Erdnüsse ebenso wie ungeröstete, getrocknete Erdnüsse mit Schale. Normalerweise verwendet man geröstete und gemahlene Erdnüsse, aber manche Rezepte erfordern, dass die Haut wie bei Mandeln durch Blanchieren entfernt wird. Wenn Sie die Haut gerösteter Erdnüsse entfernen wollen, reiben Sie diese zwischen Ihren Händen, dann legen Sie sie auf ein Tablett und blasen die Häute weg. Gemahlene oder pürierte und ungesalzene Erdnüsse dienen als Bindemittel für Saucen.

Bindemittel
In der afrikanischen Küche benutzt man kaum Mehl oder Maisstärke, um Saucen zu binden, sondern man verwendet fein gemahlene Nüsse dafür, manchmal auch Kerne oder stärkereiche Knollen, je nach Gericht.

Hier seien einige angeführt: gemahlene oder pürierte Egusi, Erdnüsse, Ngangsah für Suppen und Saucen, gemahlene Soja Bohnen für Saucen, pürierte Schwarzaugenbohnen für Saucen, geriebene Cocoyam oder grüne Kochbanane für Eintöpfe.

NORDAFRIKA

Die Küche des nördlichen Afrika ist stark vom Arabischen, aber auch von den Mittelmeer-Regionen und einigen europäischen Einflüssen geprägt. Eines der beliebtesten Gerichte ist Couscous, zu dem man verschiedene Saucen und Gemüse serviert, z. B. mit Lammfleisch, Fisch und Geflügel. Desserts, vor allem sehr süße Backwaren, und Tee gehören zu den kulinarischen Besonderheiten Nordafrikas.

Kichererbsen-Suppe

Marokko – Für 6 bis 8 Personen

1 Schale getrocknete Kichererbsen
(sie sollten über Nacht in Wasser eingeweicht werden)
500 g kleingeschnittenes Lammfleisch mit Knochen
1 grosse, feingehackte Zwiebel
1 Prise Safran
1/2 Teelöffel gemahlener Ingwer
1/2 Schale gehackte Petersilie
Salz nach Geschmack
4 Esslöffel Butter
1 Teelöffel scharfer Chili
1 Liter Wasser

Die Kichererbsen in einem tiefen Topf ca 30 Minuten lang kochen lassen. Die Lammstücke und die übrigen Zutaten dazugeben und das Ganze weitere 30-35 Minuten bei mittlerer Hitze weiterkochen. Nehmen Sie nun das Fleisch heraus und gießen Sie die Fleischbrühe ab. Pürieren Sie das Gemüse im Topf mit einem Kartoffelstampfer. Fleisch und Brühe kommen nun wieder in den Topf zurück und werden gut mit dem Gemüsepüree vermischt. Die Suppe sollte vor dem Servieren noch 5 Minuten lang fertigköcheln.

Varianten: *Statt der getrockneten Kichererbsen können Sie auch Kichererbsen aus der Konserve verwenden (1 Dose genügt). Gießen Sie das Wasser ab. Sie können die Kichererbsen, falls erwünscht, nach dem Kochen häuten. Vorher gut abkühlen lassen!*

Ein Tip: *Um die Suppe gehaltvoller zu machen, mischen Sie Reis oder gehackten Kürbis darunter.*

Fisch-Sauce

Tunesien – Für 4-6 Personen

1/2 Schale Pflanzenöl
1 grosse, feingehackte Zwiebel
2 zerdrückte Knoblauchzehen
Salz nach Geschmack
2 Esslöffel Kreuzkümmel
4 geschälte Tomaten
1 1/2 Schalen Wasser
1 1/2 Teelöffel scharfer Chili (nicht zwingend)
600 g Fischfilets

Die Zwiebel wird im erhitzen Öl in einem größeren Topf goldbraun angeröstet. Nun werden Knoblauch, Salz, Kreuzkümmel und die Tomaten eingerührt und ca 5 Minuten unter gelegentlichem Umrühren und bei geringer Hitze gedünstet. Wasser dazugießen und zum Kochen bringen. Die Fischstücke und den scharfen Chili dazugeben und weitere 10-15 Minuten, bzw. bis der Fisch weich ist, köcheln lassen. Mit Reis servieren.

Der scharfe Chili kann durch Cayennepfeffer ersetzt werden.

Keshk-Sauce

Ägypten – Für 4-6 Personen

1 Schale Mehl (nicht zu fein!)
1 Schale Joghurt mit 3,6% Fett
Saft einer halben Zitrone
1/2 Teelöffel Pfeffer
3-4 Esslöffel Tafelöl
1/2 Schale Milch
1/2 Schale Bouillon oder
in 1/2 Schale Wasser aufgelöste Brühwürfel
1/2 kg gekochte Hühnerbrust, in kleine Stücke zerteilt
2 grosse, feingehackte Zwiebeln

Vermengen Sie in einer großen Schüssel Mehl, Joghurt, Zitronensaft und Pfeffer und lassen Sie die Mischung 30 Minuten rasten. 2 Esslöffel Öl erhitzen und die Mehl-Joghurt-Paste unterrühren bis ein dicker, sämiger Brei entsteht. Milch und Bouillon einrühren und so lange köcheln lassen, bis die Masse sich am Löffel anlegt. Nun wird das Huhn dazugegeben und das Ganze zur Seite gestellt. Rösten Sie in einer anderen Pfanne oder Kasserole die Zwiebeln im erhitzten Öl, bis sie knusprig und dunkelbraun geworden sind. 2/3 der Zwiebeln kommen in die Hühnersauce. Der Rest wird vor dem Anrichten über die Sauce gestreut. Dazu gibt es weißen Reis oder Mandelreis.

Sauce mit faschiertem Lammfleisch und Gemüse

Tunesien – Für 4-6 Personen

4 Esslöffel Pflanzenöl
1 grosse, in Ringe geschnittene Zwiebel
1 grosse grüne Paprika, in Streifen geschnitten
2 grosse, kleingewürfelte Tomaten
500 g faschiertes (gehacktes) Lammfleisch
3-4 zerdrückte Knoblauchzehen
2 Esslöffel Butter
1 Teelöffel Kümmel
Salz nach Geschmack
2 schaumig geschlagene Eier

Rösten Sie die Zwiebel im erhitzen Öl goldbraun. Nun kommen Paprika und Tomaten dazu, die ca 5 Minuten mit der Zwiebel weiterköcheln sollen. Dann das Lammfleisch und die übrigen Zutaten, außer den Eiern, daruntermischen und weitere 15 Minuten dünsten lassen. Zuletzt werden die Eier in die Sauce gerührt. Lassen Sie das Gericht noch ca 5 Minuten weiterköcheln und servieren Sie es heiß mit Brot als Zwischenmahlzeit oder mit Reis.

Sie können statt der Butter Ghee, geläuterte Butter, verwenden.

Mulah-Sauce

Sudan – Für 4-6 Personen

4-5 Schalen Wasser
1 kg faschiertes Lammfleisch oder anderes Faschiertes (Hackfleisch)
4 grosse Zwiebeln, feingehackt
Salz nach Geschmack
1/2 Teelöffel schwarzer Pfeffer
1 Teelöffel gemahlener Koriander
1 Rindsbrühwürfel,
1 Schale Okra in Pulverform (im Sudan heisst Okra »Weika«) (siehe Tips)
2 zerdrückte Knoblauchzehen
6-8 Kardamonkörner, zerstossen

Rühren Sie das Fleisch und die Zwiebeln in das Wasser und lassen Sie die Zutaten 15 Minuten lang kochen. Mit Salz, Pfeffer, Koriander und dem Brühwürfel würzen. Nun werden die gemahlenen Okraschoten eingerührt und nach 10 Minuten weiterer Kochzeit auch Knoblauch und Kardamon. Etwa 2-3 Minuten fertigköcheln und mit Asida oder Fufu servieren.

Yaikni

Gefüllte Auberginen-Röllchen

Sudan – Für 6-8 Personen

2 grosse Auberginen
Pflanzenöl zum Braten

Für die Fülle:

1 grosse Zwiebel, püriert
1 frischer roter Paprika, feingehackt oder püriert
1/2 Schale ungesalzene, geröstete Erdnüsse, fein gemahlen
2-3 Teelöffel Essig
1/4 Schale Soja-Sauce
20-24 grüne Oliven
5-6 Salatblätter
1 reife Tomate, fein gehackt
Petersilie, fein gehackt
Tomatenscheiben

Die Auberginen waschen, schälen und dann jeweils der Länge nach in 9-10, ca 1/2-1 cm dicke Streifen schneiden. Stellen Sie sie einstweilen zur Seite.
In einer Schüssel werden nun alle übrigen Zutaten, außer den Oliven und den Salatblättern, vermischt.
In etwa 3 Esslöffeln heißem Öl einige Auberginenstreifen ca 3 Minuten auf jeder Seite goldbraun braten. Die gebratenen Stücke sollten vorsichtig aus der Pfanne genommen und sofort auf einem Stück Küchenrolle abgetropft werden. Legen Sie die Stücke auf einen Teller und braten Sie alle Auberginen-Streifen wie beschrieben.
Die Salatblätter waschen, trocknen und auf einem Teller hübsch auflegen.
Belegen Sie nun jede Auberginenschnitte mit ca einem Esslöffel der beiseite gestellten Fülle, wobei Sie darauf achten sollten, dass nur trockene Fülle, ohne Flüssigkeit, auf die Auberginen kommt. Geben Sie die Fülle auf das schmale Ende jedes Auberginenstreifens, legen Sie 1 oder 2 Oliven darauf und rollen Sie die Streifen vorsichtig ein. Legen Sie die Röllchen auf die Salatblätter. Mit Tomatenscheiben und Petersilie dekorieren und mit gebratenen Fischfilets servieren.

......

Auberginen- und Tomatenkasserole

Tunesien – Für 6-8 Personen

2 grosse Auberginen
Schale Olivenöl
2 Schalen Reste von gebratenem Lamm, kleingeschnitten
1 grosse, fein gehackte Zwiebel
4 geschälte, entkernte und gewürfelte Tomaten
Salz nach Geschmack
1 Teelöffel schwarzer Pfeffer
2 zerdrückte Knoblauchzehen
2 Esslöffel fein gehackte Petersilie
1 Esslöffel getrocknete Sellerie
1 Teelöffel Rosmarin
250 g Tomatensauce aus der Dose

Die Aubergine waschen, schälen und in Längsstreifen schneiden, mit 1 Teelöffel erhitztem Öl in der Pfanne anbraten. Die gebratenen Auberginenstreifen nach und nach auf Küchenpapier abtropfen lassen. Das restliche Öl erhitzen, Zwiebeln, Lamm, Tomaten und Knoblauch 5 Minuten darin braten und öfter umrühren. Salzen und Pfeffern. Vom Herd nehmen.
Eine Kasserole befetten und abwechselnd eine Lage Auberginen und eine Lage Tomatenmischung darin aufschichten, bis alles aufgebraucht ist, wobei die erste Lage aus Auberginen bestehen sollte.
In einer kleinen Schale Petersilie, Sellerie, Rosmarin und Tomatensauce vermischen, über die aufgeschichteten Lagen gießen und bei 200° C 40 Minuten lang backen. Heiß servieren.

Brei aus Maisstärke mit Joghurt

Sudan – Für 4-6 Personen

4 Schalen Joghurt oder Buttermilch
8-10 Esslöffel Maisstärke
1/4-1/2 Schale kaltes Wasser

Bringen Sie das Joghurt in einer Kasserole bei kleiner Hitze zum Kochen. Die Maisstärke wird in einer kleinen Schüssel mit ein wenig kaltem Wasser vermischt. Die Maisstärke nun in das Joghurt einrühren und 10 Minuten lang köcheln lassen, bis die Mischung die dunkle Farbe verloren hat. Gießen Sie Wasser nach, falls der Brei zu dick werden sollte. Nach dem Kochen sollte der Brei sofort in eine mit ein wenig kaltem Wasser angefeuchtete Servierschüssel gegossen werden, um eine feste Form zu erhalten. Man kann auch kleine Dessertschüsselchen mit Brei füllen. Nach etwa 5-10 Minuten kann der feste Brei auf einen Serviertelder gestürzt und entweder kalt mit Mulah-Sauce serviert, oder in der Mikrowelle wieder aufgewärmt werden.

Mandelreis

Ägypten – Für 4-6 Personen

1 1/2 Schalen Mandeln
1/2 Schale Maisöl
1/2 kg Hühnerleber, feingehackt
2 Schalen Reis
1 Teelöffel Muskat
1 Hühnerbrühwürfel
Salz nach Geschmack
1 Schale Rosinen
1/4 Teelöffel Zimt
1 Liter Wasser

Die Mandeln blanchieren und die Haut abziehen. Die Hühnerleber in der Hälfte des erhitzten Öls anrösten. Die Leber beiseite stellen. Nun den Reis im Öl goldbraun anrösten. Rühren Sie ständig um! Wenn der Reis goldgelb ist, werden Wasser, Brühwürfel, Muskat, Zimt und Salz dazugegeben und die Mischung bei kleiner Hitze ca 10-15 Minuten lang gedünstet. Dann die Rosinen und die Hühnerleber dazurühren, wobei man ca 3 Esslöffel Leber zur Dekoration beiseite lassen kann. Die Reismischung sollte nun weitere 10-15 Minuten weiterköcheln. Inzwischen werden die Mandeln in einer Pfanne mit dem restlichen Öl goldbraun geröstet. Servieren Sie den Reis auf einem flachen Teller; zum Garnieren streuen Sie die gerösteten Mandeln und den Rest der Hühnerleber darüber.

Couscous

Nordafrika – Für 6-8 Personen

Couscous wird in fast allen nordafrikanischen Ländern sehr gern gegessen. Es besteht aus grobgemahlenem Hafer, Reis, Hirse oder aus einer Kombination dieser Getreidesorten. Man nennt auch das komplette Gericht, mit der dazugehörigen Sauce Couscous. Die Sauce trägt auch den Namen Tagine oder Tagin. Es gibt über 50 verschiedene Couscous-Gerichte, abhängig davon welches Gemüse bzw. Fleisch gerade erhältlich ist.

- 2 Schalen Couscous
- 4-6 Schalen Wasser
- 1 kg Lammfleisch (oder zartes Rindfleisch), in kleinere Teile geschnitten
- 2 grosse, feingehackte Zwiebeln
- 1/4 Teelöffel Safran
- 250 g kleingewürfelte Karotten
- 1/4 kg feingeraspeltes Kraut (Weisskohl)
- Cayenne- oder Chilipfeffer nach Geschmack
- 240 g Auberginen
- 2 Esslöffel schwarzer Pfeffer
- 1 Esslöffel gemahlener Ingwer
- 2 Schalen vorgekochte Kichererbsen
- 1 Schale kernlose Rosinen (nicht zwingend)
- 6 Esslöffel konservierte Butter

Feuchten Sie das Couscous mit wenig Wasser an und geben Sie es in den obersten Teil eines Topfes mit Einsatz.
Damit es nicht klebt, rührt man mit der Gabel ein wenig Butter darunter. Im unteren Teil des Dampfkochers wird die Sauce zubereitet. Bringen Sie 6 Schalen Wasser zum Kochen und legen Sie das Fleisch hinein. Dann kommen Zwiebeln, die Gewürze und der Safran hinzu. Den oberen Einsatz mit dem angefeuchteten Couscous darüberhängen und alles 30 Minuten bei kleiner Hitze köcheln lassen. Nun die Karotten und das Kraut zum bereits köchelnden Gemüse geben und 5 Minuten mitkochen lassen. Zuletzt die Rosinen und das übrige Gemüse in den unteren Teil des Topfes zur Sauce geben und weiterköcheln lassen, bis Fleisch und Gemüse weich sind. Das Couscous im oberen Teil sollte gelegentlich umgerührt werden. Servieren Sie Couscous und Sauce in verschiedenen Schüsseln oder machen Sie eine kleine Mulde in das Getreide, in die ein

wenig Sauce gegossen werden kann. Den Rest der Sauce getrennt servieren.

Konservierte Butter ist eine Mischung aus Butter und Salz, die in einem fest verschlossenen Tonkrug mindestens 2 Monate gelagert sein muss. Sie bildet einen wesentlichen Bestandteil der Zutaten in der nordafrikanischen Küche. Statt konservierter Butter können Sie normale Butter oder auch Pflanzenöl verwenden.

Lammtagine mit Zitrone

Für 4-6 Personen

1 Schale Olivenöl
1 Teelöffel Ingwerpulver
1 Prise Safran
Salz nach Geschmack
500 g Lammschulter, geviertelt
5-6 Schalen Wasser
1 grosse, fein gehackte Zwiebel
1 Teelöffel Korianderpulver
2 zerdrückte Knoblauchzehen
1 Schale entkernte Oliven
3 unbehandelte, geviertelte Zitronen

Bringen Sie Lamm, Öl, Ingwer, Safran und Salz mit dem Wasser zum Kochen. Fügen Sie Zwiebeln, Koriander und Knoblauch hinzu. Verringern Sie die Hitze und lassen Sie das Fleisch langsam zart werden. Nehmen Sie die Fleischstücke heraus, vergrößern Sie die Hitze, um die Flüssigkeit zu reduzieren. Nun kommt das Fleisch, gemeinsam mit Oliven und Zitronen, in den Topf zurück und wird weitere 5 Minuten zu Ende gegart. Mit Reis oder Couscous servieren.

Tagine mit mehreren Fleischsorten

Algerien – Für 6-8 Personen

1 kg Lammschulter, in 8-10 Stücke zerteilt
1 grosse Hühnerbrust, in 4-6 Stücke zerteilt
4 grosse, geviertelte Zwiebeln
6-8 Schalen Wasser
4-6 Karotten, je in 3-4 Teile zerschnitten
1 Schale Butter
2 Lauchstangen in Scheiben
1 Schale Rosinen, 15 Minuten in Wasser quellen lassen und abtropfen
2 geviertelte Kohl- oder Steckrüben
2 kleine, in 3-4 Teile geschnittene Zucchini
4 gewürfelte Tomaten
3 grüne Paprika, entkernt und gewürfelt
2 Schalen vorgekochte Kichererbsen
2 Teelöffel scharfes Chilipulver
jeweils 1 Teelöffel Koriander und Kreuzkümmel
1 Prise Safran
2 Esslöffel Zitronensaft
Salz nach Geschmack

Für die Fleischbällchen:

500 g faschiertes Rindfleisch
1 zerdrückte Knoblauchzehe
1 ganzes Ei
Salz nach Geschmack
1 Schalen Mehl zum Panieren
4 Esslöffel Butter

Legen Sie Lamm- und Hühnerstücke und die Zwiebeln in einen großen Topf, und fügen Sie Wasser hinzu, um das Fleisch zu kochen nach 40 Minuten Garzeit geben Sie Karotten, Butter und Lauch dazu und lassen weitere 10 Minuten kochen. Geben Sie alle anderen Zutaten, außer den Rosinen, dazu, verringern die Hitze und garen das Gemüse auf kleiner Flamme zu Ende.
Während die Sauce kocht, vermischen Sie die Zutaten für die Fleischbällchen, formen kleine Kugeln daraus, wälzen sie in etwas Mehl und braten sie in einer Pfanne goldbraun.
Mit Couscous servieren: Häufen Sie Couscous auf eine große Servierplatte, arrangieren Sie die Lamm- und Hühnerstücke und die Fleischbäll-

chen auf dem Couscous und bestreuen alles mit den Rosinen. Servieren Sie die Brühe und das Gemüse in einer eigenen Schüssel.

Bamia

Lammtagine mit Okra

Ägypten – Für 4-6 Personen

400 g frische kleine Okraschoten
4 Esslöffel Pflanzenöl
2 zerdrückte Knoblauchzehen
2 geschälte und gewürfelte Tomaten
500 g in kleine Würfel geschnittenes Lammfleisch
1 Teelöffel schwarzer Pfeffer
Salz nach Geschmack
1 Schale Wasser

Die Okraschoten waschen und die Stiele und Kappen entfernen. Das Öl in einer Pfanne erhitzen und die Okraschoten darin 5-6 Minuten unter gelegentlichem Umrühren anbraten. Dann die übrigen Zutaten hinzufügen. Die Pfanne zudecken und auf kleiner Flamme etwa eine Stunde, bis das Fleisch weich geworden ist, zu Ende garen.

Würzige Fischfilets

Sudan – Für 4-6 Personen

1 kg Scholle oder Seezunge, filetiert
(oder andere Fischfilets)
Salz nach Geschmack
1/2 Teelöffel schwarzer Pfeffer
3 zerdrückte Knoblauchzehen
1 Esslöffel feingehackte Dille
Saft von 2 kleinen Zitronen
1 Schale Mehl
Pflanzenöl zum Braten
3 geschlagene Eier

Die Fischfilets säubern und trocken tupfen. Schneiden Sie sie eventuell der Länge nach durch, um schmale, längliche Stücke zu erhalten. Vermischen Sie Salz, Pfeffer, Knoblauch, Dille und Zitronensaft, reiben Sie den Fisch damit ein und lassen Se ihn ca 1 Stunde lang marinieren. Die marinierten Filets in einer flachen Schüssel in Mehl wenden; das Mehl vorsichtig mit der Handfläche aufdrücken. Etwa 1/4 Schale Öl in einer Pfanne erhitzen, jedes Filet in den geschlagenen Eier wenden und im heißen Öl ca 4 Minuten auf jeder Seite braten. Den Fisch auf Papier abtropfen lassen und im vorgeheizten Ofen oder in Alu-Folie warm halten. Mit Reis servieren.

Thunfisch-Ei-Pasteten

Für 6 Personen

Die Pasteten können auch mit Gemüse, faschiertem Fleisch oder süß gefüllt werden. Üblicherweise verwendet man einen Blätterteig aus Weizenmehl für die Hülle. Sie können auch Blätter- oder Strudelteig nehmen, den es tiefgefroren zu kaufen gibt. Sie können den Pasteten verschiedene Formen geben. In Tunesien heißen sie brik, in Algerien bourek und in Marokko briouat.

4 Esslöffel Olivenöl
2 grosse, fein gehackte Zwiebeln
1 Teelöffel schwarzer Pfeffer
Salz nach Geschmack
1 Schale fein gehackte Petersilie
2 Dosen Thunfisch in Öl (150 gr)
Teigblätter
6 ganze Eier

Erhitzen Sie das Öl in einer Kasserole und rösten Sie darin 3-4 Minuten lang unter ständigem Umrühren die Zwiebeln an. Fügen Sie Pfeffer, Salz und Petersilie hinzu und lassen Sie alles weitere 1-2 Minuten auf der Flamme; stellen Sie die Kasserole beiseite. Nehmen Sie den Thunfisch aus der Dose, lassen das Öl abtropfen und teilen ihn in kleine Stücke, bevor Sie ihn mit Zwiebeln und Petersilie vermischen. Legen Sie den Blätterteig auf eine mit Mehl bestreute Fläche und schneiden Sie ihn in ca 15 cm lange und breite Quadrate. Geben Sie etwa zwei Esslöffel Fülle jeweils auf die eine Hälfte jedes Quadrats. Machen Sie eine Grube in die Fülle und schlagen je ein Ei in jede Grube. Nun schlagen Sie die andere Quadrathälfte darüber und drücken die Ränder fest mit einer Gabel zusammen. Backen Sie die Pasteten in heißem Öl goldbraun heraus und lassen sie auf Küchenpapier abtropfen.

Dattel-Mandelkuchen

Für 12-16 Portionen

1 Schale gehackte Datteln
2 Schalen fein gehackte Mandeln
4 Eigelb
1 Schale Zucker
4 Eiweiss

Die Mandeln 2-4 Minuten in einer Pfanne rösten und sie beiseite stellen. Das Eigelb in einer Schüssel schlagen und Löffel für Löffel den Zucker hinzufügen.
Mandeln und Datteln hinein rühren, das Eiweiß zu festem Schnee schlagen und unter die Mandelmischung heben. Etwa eine Stunde lang in einer Form mit 20 cm Durchmesser bei 150° C backen, auskühlen lassen und auf ein Backgitter stürzen.
Legen Sie den Kuchen vor dem Servieren auf einen flachen Kuchenteller.

Süsses Couscous

Für 6-8 Personen

2 Schalen kernlose Rosinen
2 Schalen Couscous
3 Esslöffel Butter
Salz nach Geschmack
1 Schale Zucker
1 Schale Orangenblütenwasser
2 Teelöffel Zimt

Weichen Sie die Rosinen eine Stunde lang in warmem Wasser ein, lassen das Wasser abtropfen und stellen sie beiseite.
Dämpfen Sie das Couscous in einem Dampfkocher oder in einer Couscousière, rühren Sie kleingewürfelte Butter hinein, fügen Salz hinzu, vermischen alles gut und stürzen das Couscous in eine tiefe Schüssel. Rühren Sie das Orangenblütenwasser hinein, ebenso 1 Teelöffel Zimt und die Rosinen. Mischen Sie gut durch und stürzen es in die Schüssel, in der Sie es servieren wollen. Nun wird der übrige Zimt darübergestreut.

Beghrir

Dünne marokkanische Pfannkuchen

Marokko – Ca 24 Pfannkuchen

Beghrir gehören zu den beliebtesten Snacks in Marokko. Diese dünnen Pfannkuchen haben winzige Löcher an ihrer Oberseite, an der Unterseite sind sie ganz flach. Sie können süß, mit Puderzucker oder Honig zum Frühstück gegessen werden. Manchmal werden sie mit Eis, gemischten Früchten oder Gemüse gefüllt. Man kann sie auch wie ein Sandwich servieren. Die meisten Marokkaner mögen die Beghrirs am liebsten, wenn sie mit Butterschmalz gemacht werden.
In Marokko verwendet man eine spezielle Vorrichtung, eine Art Metalltrichter an einem Stiel mit einem kleinen Loch, durch das der dünne Teig gleichmäßig verteilt werden kann.

20 g frische Hefe
160 g sehr feiner Griess
250 g feines Weizenmehl
1 Teelöffel Salz
2-3 Schalen Milch
1-2 leicht geschlagene Eier
Öl zum Backen
3-4 Esslöffel zerlassene Butter

Die Hefe in ca 1/4 Schale heißem Wasser auflösen und beiseite stellen. Mehl, Grieß und Salz gut vermischen. In einer anderen Schüssel die Eier schlagen und die aufgelöste Hefe sowie 2 Schalen Milch dazugeben. Rühren Sie mit dem Schneebesen langsam die trockenen Zutaten unter die Eier, bis ein glatter, flüssiger Teig entsteht. Klümpchen kann man mit den Fingern aufbrechen. Der Teig wird durch ein feines Sieb getrieben, um sämtliche Knötchen aufzulösen. Falls der Teig zu fest geraten sein sollte, gießen Sie Milch nach. Zudecken und etwa 1 Stunde stehen lassen. Wenn Sie sehr in Eile sind, können Sie den Teig auch gleich weiterverarbeiten.
Setzen Sie eine schwere Pfanne auf große Flamme und lassen Sie sie heiß werden. Erst dann wird die Hitze reduziert und in die Pfanne kommt wenig Öl.
Nun wird etwa 1/2 Schale Teig langsam vom äußeren Rand der Pfanne zum Zentrum hin gleichmäßig verteilt. Man kann dafür einen großen Metall-Löffel zu Hilfe nehmen, um den Teig mit dem Löffelrücken gleichmäßiger zu verteilen.

Die gebackenen Pfannkuchen mit der glatten Seite nach unten auf einem Teller aufschichten. Befetten Sie die Pfanne jedesmal, bevor eine neue Portion Teig gebacken werden soll.
Bestreichen Sie die fertigen Pfannkuchen mit ein wenig geschmolzener Butter und stellen Sie sie noch etwa 5-10 Minuten zum Wärmen in den Ofen. Mit Honig und Puderzucker servieren.

Fekkas
Mandelstämme

Marokko – Für 20 Stück

Für die Fülle:

800 g geschälte Mandeln, fein gehackt
1 Schale Zucker
1 Teelöffel Zimt
1 Schale Orangenblütenwasser
1 Schale weiche Butter
Für den Teig:
5-6 Schalen Mehl
1 Teelöffel Salz
Wasser

Vermischen Sie Mandeln, Zucker und Zimt, treiben die Butter hinein, fügen das Orangenblütenwasser hinzu und verrühren alles gut mit einem hölzernen Kochlöffel. Teilen Sie die Masse in 10 Portionen. Rollen Sie jede Portion zur Größe einer Zigarre zusammen und stellen Sie sie beiseite.
Bereiten Sie den Teig zu, indem Sie Mehl, Salz und Wasser zu einem weichen Teig verarbeiten. Den Teig in 10 Portionen teilen, davon jede ca 5-6 cm ausrollen, die Mandelrollen jeweils in ein Teig-Rechteck einschlagen. Die Zigarren halbieren, auf ein befettetes Backblech legen und bei 200° C 10-15 Minuten backen.

Kab el ghzal
Gazellenhörner

Für 30-40 Stück

Dauer der Zubereitung: 30-40 Minuten.
Beachten Sie, dass die Anzahl der Gazellenhörner davon abhängt, wie groß Sie sie haben wollen. Diese Nachspeise ähnelt der »Baklava« aus dem mittleren Osten, die man üblicherweise mit Honig- oder Zuckersirup übergießt.

Für die Fülle:

- 900 g geschälte Mandeln, fein gehackt
- 300 g Zucker
- 1 Teelöffel Zimt
- 1 Schale Orangenblütenwasser
- 100 g weiche Butter

Für den Teig:

- 900 g Mehl
- 1 Teelöffel Salz
- 2 Schalen warmes Wasser

Vermischen Sie die fein zerstoßenen Mandeln, den Zucker und den Zimt. Reiben Sie mit den Fingern die Butter hinein. Verarbeiten Sie das Orangenblütenwasser mit den vorigen Zutaten zu einer festen Paste. Nehmen Sie jeweils etwa einen Esslöffel voll von dieser Paste und formen damit kleine Halbmonde, die Sie auf ein Tablett legen.
Mischen Sie nun die Zutaten für den Teig und kneten diesen etwa 10 Minuten lang. Teilen Sie ihn in kleine Bällchen, jeweils etwa so groß wie eine Mandarine. Rollen Sie jedes Bällchen zu einem kleinen Viereck aus, legen einen Mandel-Halbmond darauf und schneiden überschüssigen Teig weg. Pressen Sie die Ränder mit einer Gabel oder Ihren Fingern fest zusammen. Legen Sie die Gazellenhörner auf ein Backblech und backen sie bei 200° C 10-15 Minuten lang, bis sie goldbraun sind. Auskühlen lassen und wenn Sie es möchten, mit Staubzucker bestreuen.

OSTAFRIKA

Ostafrika erfreut sich, dank seiner Hochplateaus, eines angenehmen Klimas und einer für EuropäerInnen besonders anziehenden Landschaft. An seinen Küsten ließen sich fremde, insbesondere arabische und indische Kulturen nieder. Einige von der Viehzucht lebende Völker, wie die Masai oder die Somalier, ernähren sich hauptsächlich von Fleisch. Eine Auswahl von Getreiden, Gewürzen und Kräutern – zum beliebten »Ugali« oder zum »Matoke« verkocht – liefern die Grundnahrungsmittel. In vielen ostafrikanischen Speisen verwendet man das Mark, die Milch und das Öl der Kokosnuss. Äthiopien mit seiner einzigartigen Tradition und Kultur bildet vielfach eine Ausnahme, da es kaum von außen beeinflusst wurde. Man isst in Äthiopien zwar eine Menge Fleisch, als Nahrungsgrundlage nützt man jedoch ein breites Angebot an verschiedenen Gemüsesorten. »Injera«, große, pfannkuchenartige Brote, spielen hier die Rolle des Energielieferanten, wie das »Ugali« in Kenya oder »Funge«, ein Brei aus Kassava-Mehl in Angola. »Injera« wird aus Teff, einem Mehl aus lokal angebautem Getreide, gemacht. Die ÄthiopierInnen kochen viel mit Ghee.

Erdnuss-Suppe

Kenia – Für 6-8 Personen

1 Schale ungesalzene, rohe Erdnüsse
1 grosse, fein gehackte Zwiebel
2 Esslöffel Butter oder Margarine
4 Schalen Wasser
3 Schalen Milch
1 Teelöffel schwarzer Pfeffer
Salz nach Geschmack

Zermahlen Sie die Erdnüsse zu einer feinen Paste und stellen sie beiseite. Zerlassen Sie Butter in einem Topf, fügen die Zwiebeln hinzu und rösten sie etwa 3 Minuten lang. Nun gießen Sie das Wasser darüber und lassen es aufkochen. Verringern Sie die Hitze und rühren Sie die Erdnusspaste ein; gut umrühren! Den Topf zudecken und die Paste 20 Minuten lang garen, wobei Sie immer wieder umrühren müssen. Milch, Pfeffer und Salz hinzufügen und weitere 2-3 Minuten köcheln lassen. Heiß servieren.

Mais-Milch-Suppe

Kenia – Für 6-8 Personen

In Kenia wird, wie in den meisten Ländern Ostafrikas, Milch sehr oft zum Kochen verwendet. Man bereitet damit Fleischspeisen aber auch Reis, Knollenfrüchte, Gemüse, Bananen, im Volksmund Matoke genannt, und Nachspeisen zu. Oft nimmt man auch Kokosmilch. Diese Maissuppe ist nur ein Beispiel von vielen.

4 grosse, frische Maiskolben
3 Teelöffel Butter
1 grosse, fein gehackte Zwiebel
4 Schalen Milch
2 Schalen Wasser
2 Esslöffel Mehl oder 1 Esslöffel Maismehl
1/2 Teelöffel schwarzer Pfeffer
Salz nach Geschmack

Dämpfen Sie die Maiskolben etwa 20 Minuten in einem Gemüse-Dampf-Kochtopf. Nehmen Sie sie vom Feuer und lassen sie auskühlen. Erhitzen Sie die Butter, fügen die Zwiebeln hinzu und rösten diese hellbraun an. Verringern Sie die Hitze und gießen Sie die Milch dazu. Nun wird das Mehl mit einer Schale Wasser angerührt und der Zwiebelmilch beigemengt. Salzen und Pfeffern. Raspeln Sie die Maiskörner von den Kolben und geben Sie die Hälfte davon zu den übrigen Zutaten in den Topf. Der übrige Mais wird mit der zweiten Schale Wasser püriert und ebenfalls in den Topf gegeben. 5 Minuten köcheln lassen und heiß servieren.

Rindsragout

Somalia – Für 4-6 Personen

3 grosse, gehackte Zwiebeln
4 zerdrückte Knoblauchzehen
4 grosse, kleingewürfelteTomaten
1 Teelöffel zerstampfter Kreuzkümmel
Salz nach Geschmack
3 grosse Karotten
1 kg in kleine Würfel geschnittenes, zartes Rindfleisch zum Dünsten
3 grosse, geviertelte Kartoffeln
1 kleingeschnittener grüner Paprika
1/4 Schale frische Korianderblätter
scharfes Chili (nicht zwingend)

Die Zwiebeln und der Knoblauch werden im erhitzten Öl ca 2-3 Minuten lang angeröstet. Dann werden die Tomaten, der Kreuzkümmel, Salz und die Karotten hinzugefügt. Lassen Sie diese Zutaten noch weitere 5 Minuten köcheln. Das in Würfel geschnittene Fleisch dazugeben, zudecken und dünsten lassen. Nach ca 30 Minuten die übrigen Zutaten in den Topf geben und weitere 10 Minuten bei kleiner Flamme fertiggaren. Servieren Sie dazu gekochten weißen Reis.

Sie können statt der Korianderblätter auch Petersilie verwenden.

Huhn-Kokos-Sauce

Für 6-8 Personen

1/4 Schale Pflanzenöl
1 grosses, in Stücke zerteiltes Huhn
2 mittlere Zwiebeln, feingehackt
4-5 frische Tomaten, kleingeschnitten
1 Hühnerbouillon-Brühwürfel
1/2 Teelöffel schwarzer Pfeffer
Salz nach Geschmack
2-3 Schalen frische Kokosmilch (siehe Grundrezepte)
2 Teelöffel Schnittlauch

Die Hühnerteile im erhitzten Öl ca 5 Minuten anbraten. Nun werden Zwiebeln und Tomaten dazugegeben und während der nächsten 5 Minuten unter gelegentlichem Umrühren gedünstet. Die restlichen Zutaten, außer dem Schnittlauch, in die Sauce rühren und bei mittlerer Hitze so lange köcheln lassen, bis das Huhn weich ist. Eventuell etwas Wasser nachgießen. Der feingehackte Schnittlauch wird erst kurz vor dem Servieren über das Gericht gestreut. Diese Sauce wird mit denselben Beilagen wie die Huhn-Erdnuss-Sauce angerichtet.

Frische Kokosmilch können Sie wie folgt ersetzen: *Verwenden Sie entweder 2-3 Esslöffel konzentrierter Kokosmilch, oder weichen Sie 500 g Kokosflocken in ca 4 Schalen heißem Wasser ein. Mindestens 1 Stunde wässern! Die Milch wird aus den Flocken herausgepresst und verwendet. Die ausgepressten Flocken nicht verwenden!*

Omabumba-Sauce

Uganda – Für 4-6 Personen

1 kg Rindfleisch, in kleine Würfel geschnitten
1 frische Tomate
ca 2 Schalen Wasser
1 feingehackte Zwiebel
Salz

Alle Zutaten kommen in einen Topf und werden 30-40 Minuten lang bei schwacher Hitze gedünstet. Rühren Sie gelegentlich um. Das Gericht kann mit gedämpften Kochbananen, gekochten frischen Bohnen oder grünem Gemüse serviert werden.

Ladyfinger-Sauce
Okrasauce

Burundi – Für 4-6 Personen

1/4 Schale Pflanzenöl
1 grosse, feingehackte Zwiebel
3 in feine Scheiben geschnittene Tomaten
2 Schalen Wasser
1/2 Teelöffel schwarzer Pfeffer
10 ganze Kardamon-Körner
1 kg vorgekochtes und in kleine Würfel geschnittenes Rindfleisch
Salz nach Geschmack
500 g ganze, frische Okraschoten, gewaschen und von den Stielen befreit (siehe Tips)

Öl in einer Kasserole erhitzen und die Zwiebel 1 Minute lang anrösten Die Tomaten und die anderen Zutaten dazugeben. Vorsichtig umrühren und mit Deckel 15-20 Minuten bei mittlerer Hitze garen. Wird mit Fufu oder Gari serviert. Ladyfinger ist ein anderer Name für Okra.

Sauce mit faschiertem Fleisch und Gemüse

Äthiopien – Für 6-8 Personen

1/4 Schale Pflanzenöl
1 mittlere, feingehackte Zwiebel
2 frische, kleingewürfelte Tomaten
1/2 kg Faschiertes (Hackfleisch)
2 Schalen geraspeltes Kraut (Weisskohl)
1 Teelöffel Salz
2 Esslöffel Soja-Sauce
1/2 Schale Erbsen oder Fisolen (grüne Bohnen)
2 kleingewürfelte Karotten
schwarzer Pfeffer
1 1/2-2 Schalen Wasser

Im erhitzen Öl werden die Zwiebel, die Tomaten und das Fleisch angeröstet und nach dem Umrühren etwa 10 Minuten gedünstet. Danach werden alle anderen Zutaten beigefügt und 10-15 Minuten weitergedünstet. Man kann diese Sauce mit Reis, Kochbananen, Yams oder ähnlichen Beilagen servieren.

FÜR DIE DEUTSCHEN LESERINNEN: *Faschiertes ist der österreichische Begriff für Hackfleisch.*

DORO WOT

Würzige Sauce mit Huhn

ÄTHIOPIEN – FÜR 6-8 PERSONEN

Doro heißt Huhn, Wot ist das Wort für Sauce. Sie wird gern mit sehr viel Chilipfeffer oder mit einer Chili-Gewürzmischung, »bebere«, serviert. Ich habe einen Teil des Chilis durch Tomatenpaste ersetzt.

1 GROSSES HUHN (AM BESTEN EIN LEGEHUHN)
1 ZITRONE
6-8 GROSSE, FEINGEHACKTE ZWIEBELN
1-2 GEHÄUFTE ESSLÖFFEL BEBERE (SIEHE GEWÜRZMISCHUNGEN)
4 ESSLÖFFEL TOMATENMARK
1 1/2 SCHALEN GHEE
SALZ NACH GESCHMACK
1 TEELÖFFEL GEMAHLENES KARDAMON
1 TEELÖFFEL GEMAHLENER ZIMT
1 TEELÖFFEL GEMAHLENE GEWÜRZNELKEN
2 TEELÖFFEL FRISCHER, ZERDRÜCKTER KNOBLAUCH
2 TEELÖFFEL FRISCHER, ZERSTOSSENER INGWER
1 TEELÖFFEL SCHWARZER KREUZKÜMMEL
2-3 SCHALEN WASSER
4-5 HARTGEKOCHTE EIER

Das Huhn wird in kleine Stücke zerteilt, mit Zitronensaft eingerieben und beiseitegelegt. In einem großen Topf werden Zwiebel in etwa 1/2 Schale Wasser unter ständigem Umrühren gedünstet, bis die Zwiebeln Farbe annehmen. Nun kommen Bebere, Tomatenmark und noch ein wenig Wasser hinzu. Umrühren, zudecken und 2-3 Minuten köcheln lassen. Jetzt fügt man das Ghee, die gewaschenen Hühnerstücke, Salz und alle übrigen Gewürze dazu und vermischt gut. Bei kleiner Hitze ca 40 Minuten lang köcheln lassen; gelegentlich umrühren. Falls die Sauce zu dick werden sollte, gießen Sie etwas Wasser nach. Schälen Sie die Eier und ritzen Sie an mehreren Stellen mit einem scharfen Messer kleine Schnitte ein. Die Eier sollten 10

Minuten in der Sauce mitköcheln, bevor Sie das Gericht servieren. Mit Injera anrichten.

Ersatz für folgende Zutaten: *Wasser: In Äthiopien verwendet man ein traditionelles, in Eigenproduktion hergestelltes, Honiggetränk, »Tege«. Sie können süßen Wein oder auch Bier statt des Wassers benützen. Bebere: Wenn Sie Chili nicht mögen, verwenden Sie edelsüßen Paprika. Tomatenmark kann weggelassen und dafür das Bebere auf 8-16 Esslöffel erhöht werden. Schwarzer Kreuzkümmel gibt der Sauce einen sehr eigenen Geschmack, kann aber weggelassen werden. Ghee (Läuterbutter) kann durch ein Pflanzenöl ersetzt werden.*

Meserlik

Linsen-Sauce

Äthiopien – Für 4-6 Personen

1 1/2 Schalen getrocknete orangefarbene Linsen
2 Esslöffel Pflanzenöl
2 mittlere, feingehackte Zwiebeln
2 zerdrückte Knoblauchzehen
1/4 Teelöffel schwarzer Pfeffer
1/2 Teelöffel gemahlener Ingwer
1 Esslöffel gemahlenes Kurkuma (Gelbwurz)
Salz nach Geschmack
Chili (nicht zwingend)

Die getrockneten Linsen werden gewaschen und zur Seite gestellt. Im erhitzten Öl werden Zwiebeln und Knoblauch unter ständigem Rühren goldbraun angebraten, dann mit schwarzem Pfeffer, Ingwer, Kurkuma, Chili und Salz gewürzt. Die Linsen beifügen und mit Wasser bedecken. Mit Deckel kochen, bis die Linsen weich sind. Falls die Sauce zu dick wird, gießen Sie Wasser nach. Mit Injera oder Reis servieren.

Gebratene Pilze

Uganda – Für 4-6 Personen

5 Esslöffel Speiseöl
1 feingehackte Zwiebel
2 feingehackte Tomaten
1 kg frische Pilze

Die Zwiebel und die Tomaten werden im erhitzten Öl ca 5 Minuten lang gedünstet. Gelegentlich umrühren! Nun die geputzten und sorgfältig gewaschenen Pilze vorsichtig einrühren. Lassen Sie die Pilze ca 5-10 Minuten fertigköcheln und servieren Sie mit Reis oder Kochbananen.
Ein Tip: Pilze werden auf afrikanischen Märkten immer seltener angeboten, da es sich dabei meist um frische, in der Umgebung gepflückte Sorten handelt. Manche Länder sind nun nach westlichem Vorbild dazu übergegangen, Pilze zu züchten. Pilze können als eigenes Gericht aber auch als feine Zutat für Saucen, z.B. Achu-Sauce oder in einem Stew oder Ragout verarbeitet werden.

Kandhira

Kenya – Für 4-6 Personen

1 kg Kandhira, gewaschen und geraspelt
1 grosse, feingehackte Zwiebel
2 kleine Tomaten, feingehackt
Salz nach Geschmack
4-5 Esslöffel Ghee (siehe Grundrezepte)
1 Esslöffel Petersilie (nicht zwingend)
1 Brühwürfel vom Rind oder Huhn
schwarzer Pfeffer

Das Kandhira wird mit sehr wenig Wasser etwa 10 Minuten lang gekocht und dann beiseite gestellt. In der zerlassenen Butter werden die Zwiebel und die sehr klein gehackten Tomaten ca 5 Minuten lang unter ständigem Umrühren gedünstet. Nun das gekochte Gemüse, Salz, Pfeffer, Petersilie und den Brühwürfel dazugeben, gut vermischen und weitere 2-3 Minuten fertigköcheln lassen. Mit Fufu oder Kochbananen servieren.

Ein Tip: *Sie können diese Speise variieren, indem Sie statt Kandhira Spinat oder Wirsing nehmen.*

Safran-Gemüse-Platte

Madagaskar – Für 4-6 Personen

1/2 Schale Pflanzenöl
2 in Ringe geschnittene Zwiebeln
1/2 Teelöffel Safranpulver
2 Schalen kleingeraspeltes Kraut (Weisskohl)
4 in feine Streifen geschnittene Karotten
2 grüne Paprika, in feine Streifen geschnitten
Salz nach Geschmack
1/2 Teelöffel schwarzer Pfeffer

Rösten Sie die Zwiebeln in Öl an, geben Sie den Safran dazu und rühren Sie gut um. Nun wird das übrige Gemüse mitgeröstet, bis alles knusprig ist. Mit Salz und Pfeffer würzen, umrühren und als Zwischengericht servieren.

Ein Tip: *Diese Gemüsemischung kann für Samosa verwendet, oder in einem Teig herausgebacken werden.*

Geröstete Shrimps und Gemüse

Madagaskar – Für 4 Personen

1/2 Schale Pflanzenöl
1 grosse Zwiebel
1/2 kg ganze Shrimps oder Garnelen, frisch oder tiefgefroren
1 Schale feingeraspeltes Kraut (Weisskohl)
1 Schale feingeraspelte Karotten
1 Schale in feine Streifen geschnittene grüne Paprika
Salz und Pfeffer nach Geschmack

Die Zwiebel wird im heißen Öl goldbraun geröstet, dann aus der Pfanne genommen und beiseite gestellt. Im selben Öl werden nun die Shrimps und das Gemüse ca 3-5 Minuten lang angeröstet. Nun kommen die Zwiebel und etwas Salz und Pfeffer dazu. Das Gemüse und die Shrimps gut vermischen und ca 10 MInuten köcheln lassen. Mit Reis servieren.

Würziges Kraut mit Karotten

Äthiopien – Für 6-8 Personen

3 kleine Krautköpfe (Weisskohl), fein gehackt
3 Karotten, in Streifen geschnitten
2 Esslöffel Speiseöl
1 grosse, feingehackte Zwiebel
3 zerdrückte Knoblauchzehen
1 Schale feingehackte Fisolen (grüne Bohnen)
1 Schale Wasser
1 Teelöffel Kurkuma-Pulver
Salz nach Geschmack
1 Teelöffel frischer, zerstossener Ingwer
1-2 grüne Chilischoten, in feine Streifen geschnitten

Im heißen Öl werden Zwiebel und Knoblauch braungeröstet, dann das Kraut, die Karotten und die grünen Bohnen dazugegeben und umgerührt. Mit Salz, Kurkuma und Ingwer würzen, nochmals umrühren und bei zugedecktem Topf ca 5 Minuten auf mittlerer Hitze dünsten. Dann den Deckel abnehmen, ein wenig Wasser dazugießen und öfter umrühren, damit das Gemüse nicht anbrennt. Nun kommen die grünen Paprika und die Chilischoten dazu, die mit dem übrigen Gemüse noch 5-10 Minuten fertigköcheln sollten.

Hirse-Fufu

Uganda – Für 6-8 Personen

1 kg Hirsemehl
100 g Kassavamehl
6-7 Schalen Wasser

Das Hirse- und das Kassavamehl gut vermischen und in das kochende Wasser einrühren. Gut umrühren, die Flamme klein stellen und 20-25 Minuten lang köcheln lassen. Gießen Sie bei Bedarf Wasser nach. Mit Bohnensauce, einem Stew oder Ragout servieren.

Grüne Bananen mit Fleisch

Für 6-8 Personen
Ein Gericht des Chagga-Volkes in Tansania

1/4 kg klein gewürfeltes Rindfleisch zum Dünsten
Salz nach Geschmack
6 Kartoffeln
8-10 grüne Bananen
2 Esslöffel Pflanzenöl oder Margarine

Das Fleisch wird gewaschen, dann in ein wenig Salzwasser gekocht, bis es fast weich ist. Die Kartoffeln und Bananen schälen, waschen und in große Stücke zerschneiden. Zum Fleisch geben und das Ganze weiterköcheln lassen, bis alles ganz weich ist.
Die Kartoffeln und Bananen werden dann püriert und in Öl oder Margarine einige Minuten gebraten. Nach Geschmack würzen und mit dem Fleisch servieren.

Varianten: *1. Sie können gemeinsam mit dem Bratfett auch Kokosmilch (siehe Grundrezepte) hinzufügen und das Bananen-Kartoffelpüree darin dünsten.*
2. Eine andere Geschmacksrichtung ergibt sich durch das Würzen mit gerösteten Zwiebeln und Tomaten.
3. Das Gericht kann auch mit Bohnen gegessen werden.
4. Wenn Sie saure Milch statt Wasser zum Kochen verwenden, wird das Fleisch weggelassen.
Ein Tip: *Dieses Gericht wird kleinen Kindern, stillenden Müttern oder alten und kranken Menschen serviert. Es wird auch als Suppe oder als leichter Imbiss mit Brot, Reis oder Ugali (Fufu) gegessen.*

Omabumba

Pürierte, gedämpfte grüne Bananen

Uganda – Für 4-6 Personen

1 1/2 kg grüne Bananen
Salz nach Geschmack
Wasser zum Dämpfen
Präparierte Bananenblätter oder Alu-Folie (siehe Tips)

Die geschälten und gewaschenen Bananen halbieren, salzen und in die Bananenblätter einwickeln. Wasser in einem Topf mit Einsatz zum Kochen bringen und die Bananenpakete ca 30 Minuten dämpfen. Dann die Bündel aufmachen und die Bananen noch im Blatt pürieren. Die Bündel wieder zusammenschnüren und im Topf warm halten. Mit einem Ragout oder einer Sauce servieren.

Akatogo

Gedämpfte grüne Bananen mit frischen Bohnen

Uganda – Für 6-8 Personen

Bananenblätter oder Alu-Folie zum Einwickeln (siehe Tips)
1 1/2 kg grüne Bananen, geschält und gewaschen
1 grosse, feingehackte Zwiebel
2 frische, in feine Scheiben geschnittene Tomaten
2 Schalen frische weisse Bohnen
Salz nach Geschmack
2 Esslöffel Ghee bzw. zerlassene Butter

Legen Sie eine Pfanne mit Bananenblättern oder Alu-Folie aus. Die Blätter bzw. die Folie sollten größer als die Pfanne sein. Mit den ganzen Bananen, der Zwiebel und den Bohnen belegen; salzen. Binden Sie nun die beiden Enden der Bananenblätter mit Fasern aus dem Stamm der Bananenstaude oder mit Schnur zusammen. Gießen Sie ein wenig Wasser dazu und lassen Sie die Gemüsebündel ca 60 Minuten lang, bzw. bis die Bananen und die Bohnen weich sind, garen. Die Bündel öffnen, 2 Esslöffel Ghee oder zerlassene Butter darüberträufeln und mit einer Gemüsesauce Ihrer Wahl servieren.

Getrocknete Bohnen mit Spinat

Burundi – Für 4-6 Personen

2 Schalen getrocknete Bohnen
Wasser zum Kochen (genug, um die Bohnen nicht anbrennen zu lassen!)
Salz und Pfeffer nach Geschmack
500 g frischer Spinat, gewaschen und feingehackt
1 Brühwürfel
1/4 Schale Speiseöl
1 grosse, feingehackte Zwiebel

Die Bohnen müssen 2 Stunden in kaltem Wasser eingeweicht werden, dann das Wasser abgießen und die Bohnen ca 30-40 Minuten weichkochen. Salz, Pfeffer, Spinat und die Brühwürfel hinzufügen. In einem anderen Topf wird die Zwiebel im erhitzten Öl goldbraun geröstet, danach den Bohnen beigefügt. Gut umrühren! Mit Reis oder gekochter Kochbanane servieren.

Einfacher Kokosreis

Tansania – Für 6-8 Personen

3 Schalen Reis
3 Schalen Wasser
Salz nach Geschmack
3 Schalen Kokosmilch (siehe Grundrezepte)
1 Büschel Petersilie

Den Reis gut waschen und mit Wasser und Salz zum Kochen bringen. Die Hitze reduzieren und 10 Minuten köcheln lassen, dann die Kokosmilch darunterrühren und den Topf gut zudecken. Auf kleiner Flamme weitere 15-20 Minuten garen und auf einem flachen Teller, mit ein wenig Petersilie garniert servieren. Dazu reicht man am Besten Hühner- oder Fisch-Sauce.

Injera

Fermentiertes äthiopisches Brot

Äthiopien – Für 6-8 Personen

In Äthiopien stellt man verschiedene, regional variierende Brotsorten her. Injera isst man besonders gern. Es ist ein dünnes, flaches, rundes Brot aus Teff-Mehl; Teff gehört zur Familie der Hirse. Injera wird traditionellerweise auf einer breiten Tonscheibe über einem großen Holzfeuer gebacken. Man gießt dabei den Teig vom äußeren Rand vorsichtig bis zur Mitte und achtet darauf, dass der Teig gleichmäßig verteilt wird. Die gebackenen Injera-Brote kommen in einen Korb. Man serviert das Brot, mit verschiedenen Saucen übergossen, auf einem Korbtischchen. Man reißt mundgerechte Injera-Stücke mit Sauce von den Fladen ab. Viele ÄthiopierInnen bevorzugen gesäuertes Injera. Der Teig wird 3-4 Tage vor dem Backen zubereitet, so dass er fermentieren kann.

1 kg Mehl (Teff)
1 Schale grobes Maismehl
1 Päckchen Trockenhefe
5-6 Schalen lauwarmes Wasser

Falls Sie kein Teff zur Verfügung haben, verwenden Sie Weizenmehl. Vermischen Sie eine Schale Maismehl mit Teff oder Weizenmehl. Die Hefe sollte ca 5 Minuten mit 1/4 Schale lauwarmem Wasser in einer zugedeckten kleinen Schüssel rasten, um aufgehen zu können. In einer anderen Schüssel werden weitere 4 Schalen lauwarmes Wasser mit der aufgegangenen Hefe und dem Mehl-Gemisch verrührt. Während des Rührens sollte das restliche Wasser in kleinen Portionen hinzugefügt werden, bis ein flüssiger, gleichmäßiger Teig entsteht. Den Teig zudecken und ca 24 Stunden bzw. über Nacht rasten lassen. Knapp vor dem Backen muss man das Wasser abschöpfen, das sich an der Oberfläche des Teiges gebildet hat. 1 Schale heißes Wasser an den Teig gießen und sehr gut verrühren. Aus den angegebenen Mengen können Sie je nach Größe Ihrer Pfanne 20-25 Injeras backen.

Wie man Injera bäckt: Lassen Sie eine schwere, flache Pfanne auf dem Herd heiß werden. Gießen Sie jeweils 1 Schale Teig gleichmäßig auf die heiße Pfanne. Zudecken und ca 2 Minuten backen. Das Injera ist fertig, wenn sich kleine Bläschen auf der Oberfläche gebildet haben. Die Brote können Sie flach oder eingerollt mit der scharfen Hühnersauce »Doro Wot« oder mit einer Sauce Ihrer Wahl servieren.

Ketfo

Würziges faschiertes Fleisch (Hackfleisch)

Äthiopien – Für 4-6 Personen

Diese Speise wird traditionell roh und mit einer sehr scharfen Chili-Gewürz-Mischung serviert.

1 kg mageres faschiertes Rindfleisch
1 Teelöffel Kardamon
2-3 Esslöffel Butter
2 Esslöffel Chili-Pfeffer
Salz nach Geschmack

Das faschierte Fleisch wird auf einem Holzbrett mit dem Kardamon gewürzt. Währenddessen Butter erhitzen und gut mit dem Chili vermischen. Das Fleisch und Salz darunterrühren, sehr stark umrühren, um zu vermeiden, dass das Fleisch klumpt. 3-5 Minuten lang braten. Mit Reis oder Injera und ein wenig Hüttenkäse servieren.

Spinat-Reis

Somalia – Für 4-6 Personen

3-4 Esslöffel Speiseöl
2 grosse, feingehackte Zwiebeln
3-4 zerdrückte Knoblauchzehen
4 grosse feingehackte Tomaten
300 g frische Spinatblätter, feingehackt oder gezupft
1/2 Schale frische Korianderblätter, feingehackt
2 1/2 Schalen gewaschener, gut abgetropfter Reis
3 Schalen heisses Wasser
1 Schale Kokosmilch (siehe Grundrezepte)
2 Rinds- oder Hühnerbrühwürfel
1/4 Schale Joghurt
Salz nach Geschmack

Die Zwiebeln im heißen Öl 1-2 Minuten lang anrösten, dann Knoblauch und Tomaten darunterrühren und weitere 5 Minuten lang dünsten. Den Spinat und den Reis hinzufügen und bei mittlerer Hitze 5 Minuten lang weiter dünsten. Heißes Wasser dazugießen, umrühren und weitere 10

Minuten köcheln lassen. Zuletzt die Kokosmilch, den Brühwürfel, den Koriander und das Joghurt hinzufügen, salzen und den Topf zudecken. Das Gericht sollte noch 10 Minuten, bzw. bis der Reis die ganze Flüssigkeit absorbiert hat, fertigköcheln.

Sie können statt Spinat auch Mangold verwenden.

EIN TIP: *Den Reis vor dem Servieren mit Parmesan bestreuen.*

NYAMA CHOMA

gegrillte Ziege

KENYA – FÜR 10-12 PERSONEN

Nach alter Tradition wird das Fleisch in große Stücke zerteilt und über einem großen Kohlenfeuer oder auf einem Grill gebraten. Viele Hotels oder große Restaurants in Kenia haben sich auf Grillmenüs spezialisiert. Dabei beschränkt man sich nicht nur auf Ziege, Rind, Lamm oder Huhn, sondern bietet auch eine große Vielfalt an Wild, wie Krokodilsteaks, Esel, Kamel, Zebra, Impala und Strauß, an. Einige dieser Grill-Spezialitäten-Restaurants offerieren »All you can eat-Menüs«.
Hier eine einfache Marinade, die Sie aber durch jede fertig im Handel erhältliche oder durch Ihre eigene Version ersetzen können. Mit den folgenden Mengenangaben können Sie bis zu 2 kg Fleisch marinieren.

4 FEIN GEHACKTE ZWIEBELN
6 KNOBLAUCHZEHEN
SAFT VON DREI ZITRONEN
3-4 CHILI-SCHOTEN
1 TEELÖFFEL SCHWARZER PFEFFER
1 TEELÖFFEL SALZ
1 SCHALE PFLANZENÖL

Welches Fleisch auch immer Sie gewählt haben, es sollte im Vorhinein in die Marinade eingelegt werden, so dass Sie genügend Zeit einplanen sollten, um saftiges Grillfleisch zu erhalten.
Vermischen Sie alle Ingredienzien und pürieren Sie sie in einem Mixer. Reiben Sie die Fleischstücke damit ein und stellen sie mindestens 2-3 Stunden beiseite, je länger, dasto besser. Bereiten Sie einen Holzkohlen-Grill vor und legen Sie das marinierte Fleisch darauf. Garen Sie es gleichmäßig, Steaks beispielsweise jeweils etwa 5-10 Minuten auf beiden Seiten.

Gebackene Heuschrecken

Kenia

In ganz Afrika, auch in anderen Teilen der Welt, wie Asien, Ozeanien und Südamerika, werden verschiedene Insekten-Arten in kleinen Mengen und als Delikatesse gegessen. Manchmal verwendet man sie auch als Zutat für Saucen. Die meist gegessenen Insekten sind Heuschrecken, weiße Ameisen (Termiten), Grillen, Zikaden, manche Käfer- und Raupen arten. In den westlichen Industrieländern war das Verspeisen von Insekten tabu. Nach und nach entdeckt man aber auch dort deren kulinarische Qualität, vor allem, weil mittlerweile einiges dafür getan wird, um die Menschen über den Nährwert essbarer Insekten zu informieren. Ich verweise hier auf ein Buch aus dem »Ten Speed Press«-Verlag, »man Eating Bugs«, wo die Kunst und das Wissen, Insekten zuzubereiten, vermittelt werden und ihr hoher Proteingehalt gelobt wird. Auf afrikanischen Märkten verkauft man sie getrocknet. Im Folgenden ein gängiges Rezept zur Zubereitung von Heuschrecken.
Erhitzen Sie eine Pfanne, während Sie die Heuschrecken waschen, das Wasser gut abtropfen lassen und sie mit Papier abtupfen. Nun geben Sie sie in die heiße Pfanne, mit oder ohne ihre Flügel, und rösten sie in ihrem eigenen Fett, bis sie knusprig sind. Mit etwas Salz bestreuen.

Fisch auf dem Holzkohlen-Grill

Tansania – Für 4 Personen

2 grosse, fleischige Fische
2 Teelöffel frischer gemahlener Ingwer
4-6 zerdrückte Knoblauchzehen
Salz nach Geschmack
2 zerstossene bzw. pürierte Chilischoten (nicht zwingend)
3-4 Schalen Kokosmilch (siehe Grundrezepte)
2 Teelöffel Curry-Pulver (siehe Gewürzmischungen)
1 Schale Tamarinden-Fruchtfleisch

Der Fisch wird sorgfältig geputzt. Ingwer, Knoblauch und Salz vermischen und den Fisch damit innen wie außen einreiben. Wenn die Fische sehr große sind, ritzen Sie die Haut ein, um die Gewürze besser ins Fleisch eindringen zu lassen. Die Fische auf beiden Seiten etwa 5-10 Minuten grillen, öfter wenden. Die Kokosmilch, Curry, Salz, Chilis und

Tamarinden-Fruchtfleisch gut vermischen. Die Paste sollte während des weiteren Grillvorgangs über den Fisch gepinselt werden. Grillen Sie den Fisch weitere 15-20 Minuten, bzw. bis er durch ist. Legen Sie ihn nicht zu nah zur Glut, er würde außen zu schnell schwarz werden. Falls etwas Sauce übrigbleibt, kann man sie heiß zum Fisch servieren.

Wenn Sie keine Tamarinden finden können Sie 2 frische Tomaten in die Paste hineinverrühren.

Kokosfisch

Tansania – Für 4-6 Personen

1 1/2 kg oder 4-6 Forellen
1/2 Teelöffel Chili (nicht zwingend)
Salz nach Geschmack
Saft einer halben Zitrone
1 grosse, feingehackte Zwiebel
2 zerdrückte Knoblauchzehen
1 Teelöffel geraspelter Ingwer
1-2 Esslöffel Tomatenmark
3 kleine Tomaten
2 Schalen Kokosmilch (siehe Grundrezepte)
2 Esslöffel Speiseöl

Den Fisch mit Pfeffer, Salz und Zitronensaft einreiben und in eine Backform legen. Ca 15 Minuten backen. Währenddessen werden die Zwiebeln, der Ingwer, das Tomatenmark und die frischen Tomaten gut vermischt und die Kokosmilch in die Masse eingerührt. Mit dem Öl in einer Pfanne ca 5 Minuten köcheln und gut umrühren. Die Mischung gleichmäßig auf dem Fisch verteilen und weitere 10-15 Minuten backen. Mit Reis servieren.

Ein Tip: *Sie können den Fisch auch in einem Topf auf kleiner Flamme braten, wobei die Kochzeit etwas länger dauert.*

Fischflocken-Aufstrich

Madagaskar

1 kg fleischiger Fisch (Seezunge, Scholle oder Makrele)
2 mittlere Zwiebeln, 1 davon püriert, 1 kleingeschnitten
1 1/2 Teelöffeln frisch gemahlener Ingwer
Salz nach Geschmack
1 Teelöffel schwarzer Pfeffer
1/4 Teelöffel gemahlene Gewürznelken
1/4 Schale Pflanzenöl
1 Bund Petersilie

Der Fisch wird geputzt und mit den pürierten Zwiebeln, dem Ingwer, dem Pfeffer und den Gewürznelken eingerieben. Er sollte mindestens 1-2 Stunden marinieren, bevor man in mit sehr wenig Wasser 20 Minuten lang köcheln lässt. Drehen Sie ihn ab und zu um und kontrollieren Sie, ob noch genügend Wasser da ist. Den Fisch auskühlen lassen, die Gräten entfernen und in sehr kleine Stücke zerteilen oder mit einer Gabel zerdrücken. Nun die restlichen Zwiebeln im erhitzten Öl ca 2-3 Minuten lang rösten, vom Herd nehmen und die Fischflocken darunterrühren. Mit Reis servieren oder Sandwiches mit der Paste belegen.

Fish Vindaye

Gewürzter Fisch

Mauritius – Für 4-6 Personen

Dieses Fischgericht wird hauptsächlich zu Neujahr und anderen großen Festen gereicht. Es ist günstig, den Fisch einen Tag vor dem Essen zuzubereiten, da die Gewürze sich so besser entfalten. Sie können den gewürzten Fisch gut mehrere Wochen im Kühlschrank aufbewahren.

1 kg frischer Fisch (Heilbutt, Snoek, Forelle)
1 Teelöffel gemahlene Kurkuma
Salz nach Geschmack
2 Teelöffel zerstossene, frische Ingwerwurzel
6 zerdrückte Knoblauchzehen
1 Teelöffel Chili (nicht zwingend)
3 Teelöffel Senf
Saft einer mittleren Zitrone

1/2 Schale Pflanzenöl
6 kleine, geviertelte Zwiebeln
3 grüne Pepperoni, in dicke Streifen geschnitten

Der Fisch wird geputzt und in mundgerechte Stücke zerteilt, dann mit Kurkuma und Salz eingerieben. Die Ingwerwurzel schälen und zerstoßen, mit Knoblauch und allen anderen Gewürzen außer den Zwiebeln und den Pepperoni vermischen. Den Zitronensaft in die Ingwer-Mischung träufeln und mit ein wenig Wasser zu einer Paste verrühren.
Die Fisch-Stücke im heißen Öl auf beiden Seiten goldbraun braten, dann zur Seite stellen. Die Zwiebeln im selben Öl ca 30 Sek. anrösten, die Ingwer-Paste dazumischen und ca 1 Minute, bei mittlerer Flamme rösten. Die Hitze reduzieren, den Fisch zur Gewürzpaste legen, die Pepperoni-Streifen dazugeben und vorsichtig vermengen, so dass der Fisch nicht auseinander fällt. Mit Brot oder Reis und mit einem grünen Salat servieren.

Bananen-Kokos-Eintopf

Tansania – Für 6-8 Personen

2 kg grüne Bananen
Chili (nicht zwingend)
3-4 Schalen Wasser
1 kg frischer Fisch oder zartes Lamm- oder Schweinefleisch
1 Rindsbrühwürfel
Salz nach Geschmack
2 Schalen Kokosmilch (siehe Grundrezepte)

Die Bananen werden geschält, gewaschen und die Fasern abgekratzt. Spülen Sie die Früchte unter klarem Wasser ab und schneiden Sie sie in kleine, runde Scheiben. Das Fleisch mit allen Gewürzen ca 20-10 Minuten kochen, die Kokosmilch sowie die Bananenscheiben beifügen und gut umrühren. Falls nötig, Wasser nachgießen. Über kleiner Flamme fertiggaren, bis die Bananen weich sind. Mit einer Sauce aus Blattgemüse servieren.

Sansibar-Ente

Sansibar – Für 4-6 Personen

Die ostafrikanische Insel Sansibar gilt als Gewürz-Metropole Afrikas, ihr Hafen war vor einigen hundert Jahren einer der wichtigsten Gewürz-Handels-Häfen der Welt. Aus Sansibar stammen Gewürznelken, Muskat, Chili, Kurkuma, Zitronengras, Ingwer und viele mehr. Auch heute stellen Anbau von und Handel mit Gewürzen das Rückgrat der regionalen Wirtschaft dar, wobei Gewürznelken den größten Anteil der Exportgüter ausmachen.

1 ganze Ente
4 Esslöffel Pflanzenöl
2 Schalen Hühnerfond
Salz nach Geschmack
8-10 ganze Gewürznelken
Drei entkernte scharfe Chilischoten, fein gehackt
2 Esslöffel frisch gepresster Zitronensaft
1 Schale frisch gepresster Orangensaft
2 entkernte rote Paprika, fein gehackt

Heizen Sie das Backrohr auf 200° C vor.
Waschen Sie die Ente und trocknen Sie sie mit Küchenpapier innen und außen ab. Entfernen Sie jegliches überschüssige Fett. Stechen Sie die Ente an mehreren Stellen mit einem spitzen Messer oder einer Gabel an.
Erhitzen Sie das Öl in einer großen Pfanne und braten Sie die Ente auf allen Seiten goldbraun. Nehmen Sie sie aus der Pfanne und lassen Sie das Fett auf einem Backgitter abtropfen. Schütten Sie das in der Pfanne verbleibende Fett weg und ersetzen es durch 1 Schale Hühnerfond, den Sie zum Kochen bringen. Salz, Gewürznelken und Chili hinzufügen und diese Brühe in eine Kasserole gießen. Die Ente hineinlegen, zudecken und etwa 1 Stunde im Ofen braten. Die Nelken herausnehmen. Die zweite Schale Hühnerfond in einen Topf gießen und mit Zitronen- und Orangensaft und dem roten Paprika zum Kochen bringen.
Die Kasserole vom Feuer nehmen und die Sauce über die Ente gießen. Für weitere 15-20 Minuten im Ofen garen.
Vor dem Servieren streuen Sie einige Streifen roten Paprika über die Ente.

KOKOS-HUHN

TANSANIA – FÜR 6-8 PERSONEN

Kokosmilch wird sehr oft in der tansanischen Küche eingesetzt, oft verwendet man sie statt des Kochwassers oder mit Wasser verdünnt. Die Milch gibt den Speisen nicht nur ihren besonderen Geschmack, sondern dient auch als Bindemittel.

1 GROSSES HUHN
2 GANZE ZWIEBELN
SALZ NACH GESCHMACK
1/2 SCHALE PFLANZENÖL
2 SCHALEN WASSER
2 ZERDRÜCKTE KNOBLAUCHZEHEN
2 TEELÖFFEL CURRY-PULVER (SIEHE GEWÜRZMISCHUNGEN)
2 CHILI-SCHOTEN
4-5 FEINGEHACKTE TOMATEN
1 ODER 2 IN FEINE STREIFEN GESCHNITTENE ODER FEINGEHACKTE GRÜNE PAPRIKA
2 SCHALEN KOKOSMILCH (SIEHE GRUNDREZEPTE)

Das Huhn in serviergerechte Teile tranchieren und gut waschen. Mit etwa 2 Schalen Wasser in einen großen Topf legen, 1 ganze Zwiebel und Salz dazugeben und mit Deckel ca 10 Minuten kochen.
Die zweite Zwiebel wird feingehackt und in einem anderen Topf goldbraun geröstet. Knoblauch, Curry-Pulver, Chili-Schoten, Tomaten, grüne Paprika und die Hühnerstücke hinzufügen und alles zusammen ca 5 Minuten braten. Rühren sie die Hühnerbrühe und die Kokosmilch darunter, decken Sie den Topf zu und lassen Sie die Sauce bei mittlerer Hitze ca 20 Minuten garen. Gelegentlich umrühren! Mit Reis servieren.

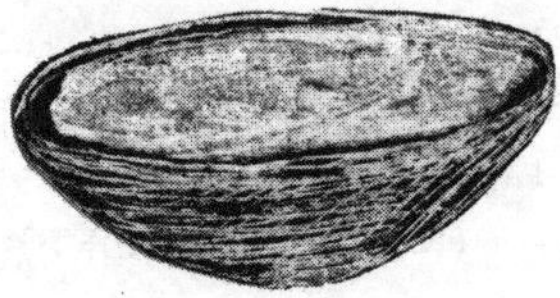

Kitfo

Würziges Rindsfaschiertes

Äthiopien – Für 4-6 Personen

Das Fleisch, das man für dieses Gericht verwendet, sollte absolut frisch sein. Es sollte am Tag der Zubereitung erstanden werden. Wählen Sie magere Fleischstücke mit möglichst wenig Sehnen und lassen Sie sie von Ihrem Fleischer faschieren. Das Gericht wird wie Beef Tartare roh serviert. Wenn Sie rohes Fleisch nicht essen dürfen oder wollen, braten Sie das faschierte Rindfleisch ganz kurz auf kleiner Hitze, ca 4-6 Minuten an, rühren Sie dabei ständig um und servieren Sie es gleich.

500 g frisch faschiertes, mageres Rinds- oder Kalbsfilet
1 Teelöffel Salz
2 Esslöffel Ghee
1 Teelöffel Bebere
1 Teelöffel Chilipulver
dünne Gurkenscheiben

Vermischen Sie das faschierte Fleisch in einer Schüssel mit dem Salz. Fügen Sie Ghee, Bebere und Chilipulver hinzu. Vermischen Sie alles gut, dann formen Sie einen Laib und stürzen diesen auf einen Teller. Als Garnitur legen Sie die Gurkenscheiben rund um das Fleisch auf den Tellerrand.

Samosa

Uganda – Für 10 oder mehr Teigtaschen

Für die Fülle:

Ca 4 Esslöffel Speiseöl
1 grosse, feingehackte Zwiebel
2 Knoblauchzehen
1/2 kg faschiertes Rindfleisch (Hackfleisch)
Salz nach Geschmack
1/2 Teelöffel Chili (nicht zwingend)

Zwiebel und Knoblauch braun rösten, während Sie ständig umrühren. Das faschierte Fleisch, Salz und Pfeffer daruntermischen und weitere 5-6 Minuten braten. Bereiten Sie die Fülle vor und lassen Sie sie gut auskühlen.

....

Für den Teig:

2 Schalen Mehl
1/2 Esslöffel Salz
2 Esslöffel Speiseöl
ca 1/3 Schale Wasser
Öl zum Fritieren

Mehl und Salz gut vermischen. 2 Esslöffel Öl mit dem Wasser vermengen, über das Mehl gießen und mit einer Gabel verrühren. Gießen Sie Wasser nach, damit der Teig weich und glatt wird. Auf einer bemehlten Fläche wird der Teig zu 1 cm Dicke ausgerollt und in 15 x 15 cm große Quadrate geschnitten. Auf jedes Quadrat kommt 1 Esslöffel Fülle. Den Teig zu dreieckigen Taschen zusammenfalten, die Ecken mit ein wenig Wasser versiegeln und im heißen Öl goldbraun herausbacken. Auf einem Küchenpapier abtropfen lassen und warm oder kalt servieren.

Somalische Kokos-Quadrate

ca 12 Stück

100 g Mehl
2 Teelöffel Backpulver
eine Prise Salz
6 Eier
1 Schale Zucker
1 Schale Pflanzenöl
1 Schale geraspeltes Kokos

Das Mehl mit Backpulver und Salz gut vermischen. In einer anderen Schüssel die Eier schaumig schlagen, dann Zucker, Öl und Kokosraspeln darunterrühren. In einer befetteten, quadratischen Form ca 40 Minuten bei 200° C backen. Auskühlen lassen und in kleine Quadrate schneiden. Als Snack servieren.

Papaya-Creme

Für 6-8 Portionen

1 grosse, reife Papaya
2 Esslöffel Zitronensaft
1 Schale Milch
1 Schale Zucker
2 Esslöffel Maismehl
2 Esslöffel Wasser
1 Teelöffel Vanille-Essenz

Die Papaya halbieren, entkernen, schälen, in kleine Würfel schneiden und in einen Topf geben. Milch hinzufügen, umrühren und etwa 10 Minuten bzw. bis die Frucht weich ist, kochen. Die Hitze reduzieren und die Papaya mit einem Kartoffelstampfer pürieren. Maismehl mit Wasser vermischen, zur Papaya geben, rühren und weitere 5 Minuten kochen lassen. Nun den Topf von der Hitze nehmen, die Vanille-Essenz und den Zitronensaft hinzufügen und auskühlen lassen. In eine Schüssel stürzen und vor dem Servieren im Kühlschrank kalt werden lassen.

tropischer Fruchtsalat

Für ca 20 Portionen

1 kleine Wassermelone
4 Mangos
1 Papaya
1 Ananas
5-6 Guaven
4-5 Orangen
Fruchtfleisch von 6-8 Passionsfrüchten
2 Bananen
Zucker nach Geschmack

Wassermelone, Mangos und Papaya werden halbiert und entkernt, dann gewürfelt. Ananas und Guaven ebenfalls schälen und würfeln. Die Orange schälen und die Häutchen entfernen, zu den anderen Früchten schneiden. Das Fleisch der Passionsfrüchte und die geschälte und in Scheiben geschnittene Banane dazugeben, zuckern und vor dem Servieren kühl stellen.

Honigbrot

Äthiopien – Für 12-16 Scheiben

1 Päckchen getrocknete Hefe
1 Schale heisses Wasser
1 Teelöffel zerlassene Butter
1 Ei
1 Schale Honig
3 Esslöffel Koriander
1 Teelöffel Zimt
1 Teelöffel gemahlene Gewürznelken
1 Teelöffel Salz
1 Schale Milch
4 Schalen Mehl

Vermischen Sie Hefe und Wasser und stellen Sie sie zum Aufgehen beiseite. Butter, Ei und Honig werden nun in einer Schüssel vermengt, Koriander, Zimt, Nelken und Salz hineingerührt. Fügen Sie die Hefe und die Milch zu dieser Mischung hinzu und rühren das Mehl darunter. Den Teig 5 Minuten kneten und 1 Stunde zum Aufgehen an einen ruhigen Ort stellen.
Heizen Sie das Backrohr auf 200° C vor.
Nun klopfen Sie den Teig flach und kneten ihn nochmals etwa 2-3 Minuten. Machen Sie daraus einen Laib, den Sie in eine befettete Backform legen und nochmals 1 Stunde gehen lassen, bevor Sie ihn zwischen 40 Minuten und einer Stunde ins vorgeheizte Backrohr stellen.

Gewürzkuchen

Sansibar – Für 6-8 Stück

1 Schale Butter
1 Schale Zucker
2 Eier
4 Esslöffel heisses Wasser
1 Teelöffel Zimt
1 Teelöffel Nelkenpulver
1 Teelöffel Muskatnuss
1 Teelöffel Muskatblüte (Macis)
1 Schale Aprikosenmarmelade
2 Schalen Mehl
1 Teelöffel Backpulver
1 Prise Salz

Heizen Sie den Ofen auf 180° C vor. Butter und Zucker werden nun zu einer lockeren Creme gerührt, die Eier hineingeschlagen und heißes Wasser löffelweise dazugerührt. Gewürze und Marmelade hinzufügen. In einer anderen Schüssel Mehl, Backpulver und Salz vermischen und dann mit der Eiercreme vermengen. In einer befetteten Backform etwa 40 Minuten backen.

Mandasi

Kenia – Ca 20 Stück

3 Schalen Mehl, mit 2 Teelöffel Backpulver vermischt
Salz nach Geschmack
1 Ei
1/2 Schale Zucker oder mehr
1 1/2-2 Schalen Milch
Öl zum Fritieren

Mehl und Salz in einer Schüssel vermischen. In einer anderen Schüssel Eier, Zucker und Milch schlagen. Das Mehl mit einem Holzlöffel unter die Eier rühren, bis ein weicher, glatter Teig entsteht. Er sollte ein bisschen schwerer als Kuchenteig sein. Die Konsistenz kann durch mehr Milch oder mehr Mehl verändert werden. Mit einem Esslöffel kleine Teigportionen ins heiße Öl einlegen, die Flamme kleiner drehen und die

Bällchen auf allen Seiten goldbraun herausbacken. Die Mandasis sind fertig, wenn die Gabel, mit der man sie ansticht, beim Herausziehen trocken bleibt. Auf Küchenpapier abtropfen lassen.

EINE VARIANTE: *Geben Sie ein Ei zum Teig und nehmen Sie etwas mehr Mehl, so dass der Teig fest genug wird, um ihn ausrollen zu können. Rollen Sie ihn zu 2 cm Dicke auf einer bemehlten Fläche aus. In 10 cm x 15 cm große Rechtecke schneiden oder kleine Sterne ausstechen und fritieren.*

SÜDLICHES AFRIKA

Das südliche Afrika, insbesondere Südafrika, kennt eine lange Geschichte fremden Siedlertums. Vor allem BritInnen und NiederländerInnen – in Mosambik und Angola PortugiesInnen – aber auch SiedlerInnen aus Indien und dem arabischen Raum hinterließen ihren Einfluss auf Kultur und Küche in dieser Region. Daneben haben sich auch noch die ursprünglichen Gerichte gehalten. Grundnahrungsmittel sind z.B. das südafrikanische »Mealie Meal«, »Nshima« in Sambia oder »Upswa« in Mosambik, ein Brei, den man mit einer Auswahl von Saucen serviert. Darüber hinaus gibt es noch andere Grundgerichte wie »Bobotie«, eine Art Fleischpastete, oder »Samosa«. Eine südafrikanische Spezialität sind eingelegte Früchte und Gemüse.

Chapati *oder* Roti

Für 6-8 Chapatis, je nach Grösse

Chapati ist ein in der Pfanne gebackenes oder geröstetes flaches Brot, das aus Indien kommt. Es ist zu einem festen Bestandteil der Küche im östlichen und südlichen Afrika geworden. Es gibt mehrere Varianten dieses einfachen Nebengerichts, oft wird es mit Curry serviert, oder mit Gemüse oder auch Fleisch gefüllt. Meist bereitet man mehr davon zu, um es für mehrere Mahlzeiten aufbewahren zu können, es hält sich gut mehrere Tage lang im Kühlschrank, wenn man es in Alufolie einwickelt, vor dem Servieren wärmen Sie es noch in der Folie etwa 10 Minuten lang im Backrohr auf. In der Region hergestellte, spezielle, sehr schwere Pfannen dienen zur Chapati-Zubereitung, aber Sie können jede moderne schwere Pfanne, z.B. aus Gusseisen, nehmen.

600 g Mehl
1 Teelöffel Salz
1 Schale kaltes Wasser
1 Schale Pflanzenöl
Weiteres Öl zum Befetten der Pfanne

Vermischen Sie Mehl und Salz in einer großen Schüssel, rühren Sie das Wasser und die Hälfte des Öls hinein. Vermischen Sie alles gut und machen Sie einen weichen Teig daraus. Der Teig wird nun auf einer bemehlten Fläche 3-4 Minuten lang geknetet, dann in eine befettete Schüssel gelegt und 30 Minuten zum Rasten beiseite gestellt. Dann teilen Sie ihn in 6-8 Teile. Rollen Sie jeden Teil zu einem flachen Kreis aus, beträufeln ihn jeweils mit einem Teelöffel Öl, schlagen die Ränder ein und rollen ihn wieder zu einer Kugel. Walzen Sie die Kugeln wieder zu dünnen, runden Fladen und backen sie in der heißen, mit wenig Öl befetteten Pfanne heraus. Die Chapatis müssen auf beiden Seiten etwa 2-3 Minuten gebacken werden. Bereiten Sie ein leeres Gefäß mit Deckel vor, um die fertigen Chapatis hineinzulegen und achten Sie darauf, das Gefäß nach jedem hinzukommenden Fladen wieder zu schließen, weil sie dadurch weich bleiben. Servieren Sie dieses Brot mit einer Currysauce Ihrer Wahl oder mit einem Ragout.

Hühner-Kokos-Curry-Suppe

Malawi – Für 6-8 Personen

2 Schalen klein geschnittene Hühnerbrust
4 Schalen Kokosmilch
2 Schalen Hühnerfond
1 Esslöffel frischer Ingwer
Je 1 Teelöffel schwarzer Pfeffer, Koriander, Kreuzkümmel
1 Teelöffel gemahlene Senfkörner
1 Teelöffel Zimt
1 Teelöffel Kurkuma
1 Teelöffel gemahlene Gewürznelken
1 Esslöffel Chilipulver
1 Schale geriebene und getrocknete Kokosnuss

Bringen Sie Huhn, Kokosmilch und Hühnerfond in einem Topf zum Kochen. Nach dem Aufkochen kommen Ingwer, Pfeffer, Koriander, Kreuzkümmel, Senfkörner, Zimt, Kurkuma, Chili und Nelken hinzu. Rühren Sie gut um, verringern Sie die Hitze und lassen alles 10-15 Minuten simmern. In eine Servierschüssel geben, die getrocknete Kokosnuss über die Suppe streuen und heiß servieren.
Für eine dickere Suppe mischen Sie 1-2 Teelöffel Maisstärke mit einer Schale Wasser und rühren die Stärke in die Suppe ein. Vor dem Anrichten muss die Suppe dann 5-6 weitere Minuten köcheln.

Bohnensuppe

Südafrika – Für 8-10 Personen

2 Esslöffel Butter
1 grosse, fein gehackte Zwiebel
1 Schale fein gehackte Sellerie
500 g Lamm-Fleisch
1 Schale klein geschnittener Speck
8-10 Schalen Wasser
2-3 in Scheiben geschnittene Karotten
3 Schalen, über Nacht in Wasser eingeweichte, Bohnen
1 Teelöffel Pfeffer
Salz nach Geschmack

Die Butter in einer Kasserole erhitzen, Zwiebel und Sellerie hinzufügen und 2-3 Minuten anrösten. Nun mit Lamm-Fleisch, Bohnen und Wasser auffüllen und eine Stunde kochen lassen. Die Hitze zurücknehmen, Karotten, Pfeffer und Salz dazugeben, zudecken und weitere 20-25 Minuten köcheln lassen. Den Topf von der Hitze nehmen, das Fleisch entbeinen, in kleine Stücke schneiden und beiseite stellen. Die Bohnen im Topf mit einem Kartoffelstampfer pürieren, das Fleisch wieder in den Topf zurücklegen, umrühren und heiß servieren.

Tomaten-Zwiebelsambal

Für 6-8 Personen

Sambal nennt man Nebengerichte aus Obst oder Gemüse. Man serviert sie oft mit Reiscurries aus Malaysien oder Indien oder als Hors-d'oeuvres.

4 grosse Tomaten
2 grosse, fein gehackte Zwiebeln
1 grüner Paprika, entkernt und fein geschnitten
1 Teelöffel schwarzer Pfeffer
1 Teelöffel Salz
1 Teelöffel Knoblauchpulver

Die Tomaten schälen und würfeln, in eine Schüssel geben und die anderen Zutaten daruntermischen. In einer Salatschüssel oder einem kleinen Schüsselchen am Besten zu einem Reisgericht servieren.

Ochsenschwanz-Stew

Zimbabwe – Für 4-6 Personen

1 1/2 kg Ochsenschwanz, in serviergerechte Stücke geschnitten
3 Schalen Wasser
Salz nach Geschmack
1 grosse, feingehackte Zwiebel
3 zerdrückte Knoblauchzehen
2 grosse, zerhackte bzw. sehr kleingeschnittene Tomaten
1 1/2 Esslöffel gekauftes scharfes Curry-Pulver (besser: Sie mischen es selber, einen Vorschlag finden Sie unter Grundrezepte)
2 Teelöffel Tomatenmark

Waschen Sie die Ochsenschwanz-Stücke und legen Sie sie in eine tiefe Pfanne, gießen Sie das Wasser darüber und salzen Sie. Den Topf zudekken und das Fleisch ca 2 Stunden kochen lassen. Die Fleischbrühe wird nun abgegossen und beiseite gestellt. Setzen Sie die Pfanne mit den Fleischstücken wieder auf die Flamme und braten Sie den Ochsenschwanz in seinem eigenen Fett, bis das Fleisch braun ist. Gelegentlich wenden. Nehmen Sie nun das Fleisch heraus und legen Sie es zur Seite. Zwiebel und Knoblauch ca 2-3 Minuten im in der Pfanne verbliebenen Fett rösten. Die Tomaten dazugeben und weichdünsten. Das Currypulver und das Tomatenmark einrühren, die Fleischstücke wieder in die Pfanne zurücklegen und mit ca 1 1/2 Schalen Fleischbrühe aufgießen. Das Stew sollte in der zugedeckten Pfanne auf kleiner Flamme 20-30 Minuten weiterköcheln. Servieren Sie den heißen Eintopf mit Reis.

Ein Tip: *Sie können den Ochsenschwanz ca 30 Minuten im Druckkochtopf garen. Es spart viel Zeit!*

Tomato-Bredie

Tomaten-Stew

Südafrika – Für 6-8 Personen

In Südafrika werden Stews mit Gemüse »bredie« genannt. Jedes »bredie« trägt den Namen des im Gericht hauptsächlich verwendeten Gemüses. Man verwendet meist Lammfleisch als Zugabe, Sie können Ihr »bredie« aber auch mit anderem Fleisch kochen. Das Stew sollte auf kleiner Flamme gegart werden. Wenn Sie sehr in Eile sind, dann bereiten Sie es im Druckkochtopf (Kochzeit ca 30 Minuten) zu.

- 4 Esslöffel Pflanzenöl
- 3 grosse, in Scheiben geschnittene Zwiebeln
- 2 gepresste Knoblauchzehen
- 1 kg Lammkoteletts
- Salz und Pfeffer nach Geschmack
- 1 Schale Wasser oder Fleischbrühe
- 6 grosse, kleingeschnittene Tomaten
- 1 Teelöffel Zucker
- 3-4 kleine Kartoffeln, geschält und geviertelt
- 1/4 Teelöffel Thymian
- 1-2 Lorbeerblätter
- 1/2 Teelöffel Chilipulver (nicht zwingend)

Öl in einer großen, schweren Pfanne erhitzen und darin die Zwiebeln goldbraun rösten. Das Lammfleisch mit dem Knoblauch, Salz, Pfeffer und dem Wasser oder der Brühe dazugeben. Gut umrühren, die Pfanne zudecken und das Stew ca 1 Stunde bei schwacher Hitze köcheln lassen. Dann kommen die Tomaten und der Rest der Zutaten in den Topf. Servieren Sie ihn mit Reis oder Mealie-meal.

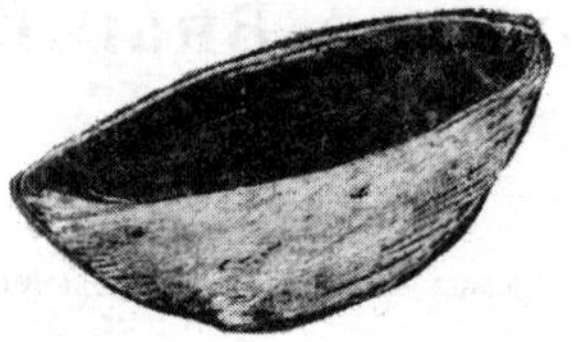

Fisch-Garnelen-Sauce

Mosambik – Für 4-6 Personen

3 Esslöffel Pflanzenöl
2 grosse, feingehackte Zwiebeln
2-3 feingehackte Pfefferoni mit Kernen
2-3 Tomaten, feingehackt
1/4 Schale Koriander, feingehackt
1 Teelöffel scharfes Chili
Salz nach Geschmack
1-2 zerstossene Hühner-Brühwürfel
1 kg fester Fisch, in kleine Stücke zerteilt
300 g geschälte Shrimps bzw. Garnelen
1 Schale Kokosmilch (siehe Grundrezepte)

Das Öl wird in einem größeren Topf erhitzt, die Zwiebeln darin goldbraun angeröstet und nach und nach die Pfefferoni und die Tomaten beigegeben. Die Mischung ca 5 Minuten auf mittlerer Flamme köcheln lassen. Bei kleinerer Flamme werden nun Koriander, Chili, Salz und die Hühner-Brühwürfel eingerührt. Legen Sie die Hälfte der Fischstücke in einen Topf. Darüber kommt die Hälfte der Garnelen, über die wiederum die Hälfte des Gemüses gleichmäßig verteilt wird. Darüber in derselben Reihenfolge nochmals je eine Lage der Zutaten schichten. Als Abschluß wird Kokosmilch darüber gegossen und das Ganze ca 10-15 Minuten lang bei kleiner Hitze geköchelt. Das Gericht sollte hübsch in einer tiefen Schüssel angerichtet und mit gekochtem Reis serviert werden.

Kalulu

Fisch-Gemüse-Sauce

Angola – Für 4-6 Personen

1 kg frischer Fisch (feste Sorte)
1/2 kg geräucherter oder luftgetrockneter Fisch (siehe Tips)
2 grosse, feingehackte Zwiebeln
2-3 frische, kleingewürfelte Tomaten
1 grosse, feingehackte Aubergine
500 g Mangold
1/4 Schale Palmöl
Salz nach Geschmack
1 Teelöffel scharfer Chili (nicht zwingend)
2-3 Schalen Wasser
200 g frische Okraschoten (siehe Tips)

Geben Sie alle Zutaten außer dem Okra in einen großen Topf. Zudecken und ca 20-25 Minuten dünsten lassen. Danach das Okra hinzufügen. Gut umrühren und weitere 10 Minuten weiterköcheln lassen. Heiß mit Gari servieren.

Folgende Zutaten können ersetzt werden: *Statt des geräucherten Fischs können Sie geräuchertes Wild oder Rind verwenden. Statt Mangold nehmen Sie Spinat.*

Sauce mit Okra und Mais

Swaziland – Für 4-6 Personen

1 Schale feingehackte Zwiebeln
1 grosse, zerdrückte Knoblauchzehe
1 Dose geschälte Tomaten (500g)
Salz und Pfeffer nach Geschmack
1 Schale dünn geschnittener grüner Paprika
3 Schalen in Scheiben geschnittene Okraschoten (siehe Tips)
1 Dose Mais (500 g). Der Mais sollte püriert werden

Alle Zutaten werden in einem großen Topf vermischt. Bei kleiner Flamme 15 Minuten kochen, bis das Okra weich ist. Mit Kartoffeln, Reis, Cocoyams (Taro), Yamwurzeln oder Kassava servieren.

Moamba

Sauce mit Palmnuss und Okra

Angola – Für 4-6 Personen

700 g Palmnuss-Fruchtfleisch
1 grosses Huhn, tranchiert
2 grosse, feingehackte Zwiebeln
500 g frisches Okra (siehe Tips)
4 grosse, kleingewürfelte Tomaten
1 Teelöffel Chili (nach Wunsch)
1 Teelöffel schwarzer Pfeffer
Salz nach Geschmack
ca 1 Schale Wasser

Das Fruchtfleisch der Palmnuss und die Hühnerteile werden in einem großen Topf mit Deckel ca 20 Minuten lang gekocht. Nun kommen die anderen Ingredienzien dazu; Wasser nur nachgießen, wenn die Sauce zu dick geworden ist. Lassen Sie alle Zutaten noch 10 Minuten lang köcheln und servieren Sie mit Kassava oder Fufu.

Ein Tip: *Zu diesem Gericht trinkt man am besten Rotwein.*

Sarrabulho

Traditionelles Schweinefleischgericht

Angola

Sarrabulho ist eines der beliebtesten traditionellen Gerichte Angolas. Es wird bei Festen – besonders bei Totenzeremonien – gereicht. Im traditionellen angolanischen Haushalt wird es von den ältesten Frauen der Gemeinde zubereitet, die damit besonders ihre Enkelkinder oder Schwiegersöhne verwöhnen. In den Dörfern hält man das Sarrabulho am offenen Feuer warm, sodass es jederzeit angerichtet werden kann. Heute wird es auch in den städtischen Restaurants angeboten, wo man es gern fertig kauft und nach Hause nimmt, da die Zubereitung sehr lange dauert. Ich habe dieses Rezept als Beispiel für die vielen traditionellen angolanischen Gerichte in diese Sammlung aufgenommen. Eine einfachere Variante wäre, Blut und Därme, die schwer zu bekommen sind, wegzulassen. Nach altem Brauch wird für das Sarrabulho ein Schwein geschlachtet, dessen frisch aufgefangenes Blut man zum Kochen benützt. Je nach Anlass nimmt man ein kleineres oder ein größeres Schwein.

1 frischgeschlachtetes Schwein, in grosse Stücke zerteilt
Die Kutteln des Schweins
Die Gedärme des Schweins
20 oder mehr Knoblauchzehen
Saft von 3-4 Zitronen
2-3 l Wasser
Das frisch aufgefangene Blut
1 kg kleingehackte Tomaten
1 kg kleingehackte Zwiebeln
2 Esslöffel schwarzer Pfeffer
Salz nach Geschmack
Scharfer Chili nach Geschmack

Die Fleischstücke, die Kutteln und die gut gereinigten Gedärme werden in Zitronensaft und Knoblauch eingelegt und 1-2 Stunden lang mariniert. Dann setzt man sie in einen großen Topf mit allen anderen Zutaten und bringt sie zum Kochen. Mit Deckel, auf kleiner Flamme ca 2 Stunden köcheln lassen. Wenn notwendig, gießen Sie öfter Wasser nach. Mit Kassava oder Fufu servieren.

Statt der Zitronen können Sie Essig zum Marinieren verwenden.
Für 6-8 Personen verwenden Sie ca 1,5 kg Schweinefleisch

Kürbis und Erdnussbutter-Creme

Zimbabwe – Für 4-6 Personen

250 g gekochter, geschälter Kürbis
2 Esslöffel cremige Erdnussbutter (ohne Stücke)
1/4 Schale Milch
eine Prise Muskat
ca 2 Esslöffel Zucker (falls der Kürbis nicht süss ist)

Pürieren Sie den noch heißen gekochten Kürbis mit der Erdnussbutter zu einer feinen Paste. Milch, Muskat und Zucker beifügen. Die Mischung kommt nun in einen Topf und wird bei kleiner Hitze ca 5 Minuten gedünstet. Warm als Zwischengericht oder Dessert servieren.

Kürbis-Pfannkuchen

Südafrika – Für ca 24 Pfannkuchen

In Südafrika kocht man gern mit Kürbis. Eine Möglichkeit, ihn zuzubereiten sind Kürbis-Pfannkuchen

2 Schalen gekochter, pürierter Kürbis
5 Esslöffel Mehl
2 Teelöffel Backpulver
eine Prise Salz
1 schaumig geschlagenes Ei
Butter, Margarine oder Öl zum Herausbacken

Zum Garnieren
Zucker-Zimt-Mischung
4-6 Zitronenscheiben

Vermengen Sie Kürbis, Mehl, Backpulver und Salz zu einem weichen Teig. Nun das Ei gut darunterrühren und den Teig fest schlagen. Die Butter erhitzen, den Teig esslöffelweise in das Fett einlegen und die Pfannkuchen auf beiden Seiten goldbraun backen. Nehmen Sie die fertigen Pfannkuchen heraus und stellen Sie sie warm. Vor dem Servieren werden die Pfannkuchen mit Zucker und Zimt bestreut und mit Zitronenscheiben garniert.

Ein Tip: *Sie können das Zucker-Zimt-Gemisch in größeren Mengen zubereiten und für spätere Gelegenheiten aufbewahren. Mischen Sie 4 Teelöffel Zimt mit 1 1/2 Schalen Kristallzucker und füllen Sie die Mischung in ein verschließbares Glas.*

Kartoffeln und Erbsen

Sambia – Für 6-8 Personen

1 kg Kartoffeln
1/2 kg vorgekochte Erbsen
Salz nach Geschmack
1 grosse, feingehackte Zwiebel
1/2 Schale Butter oder Pflanzenöl
1 zerdrückter Rindsbrühwürfel
1 Teelöffel schwarzer Pfeffer
1 Esslöffel feingehackter Schnittlauch

Die Kartoffeln schälen, waschen und in Salzwasser weichkochen. Während die Kartoffeln kochen, werden die vorgekochten Erbsen püriert. Die fertigen Kartoffeln einstweilen zur Seite stellen.
Die Zwiebeln in einem großen Topf in der zerlassenen Butter 2-3 Minuten lang anrösten, dann den Brühwürfel und den Pfeffer dazugeben. Nun die Flamme ganz klein drehen und die Kartoffeln einzeln in den Zwiebeln zerdrücken. Den Topf vom Herd nehmen und zuletzt die pürierten Erbsen unter die Kartoffeln rühren. Servieren Sie das Gemüse auf einem flachen Teller und dekorieren Sie es, indem Sie mit einer Gabel schmale Rillen ziehen. Man kann auch das Püree in eine Schale geben, fest drücken und auf einen Teller stürzen. Schnittlauch darüberstreuen und mit einem Fleisch-Stew oder Ragout servieren.

Grüne Bananen mit Kokosnuss

Mosambik – Für 6-8 Personen

1 kg grüne Bananen
1 kg Rindfleisch zum Dünsten, klein gewürfelt
Milch von zwei frisch geriebenen Kokosnüssen
1 grosse, in Scheiben geschnittene Zwiebel
3 gewürfelte Tomaten
Saft einer kleinen Zitrone
1 Teelöffel Pfeffer
Salz nach Geschmack
2 Schalen Wasser

Bananen schälen, und der Länge nach halbieren. In eine Schüssel mit kaltem Wasser legen und beiseite stellen.
Nun schichten Sie Fleisch und Bananen abwechselnd in einen Topf, geben die übrigen Zutaten, außer der Kokosmilch, dazu, legen einen Deckel darüber und dünsten alles. Nach 30-40 Minuten gießen Sie die Kokosmilch dazu, bedecken den Topf abermals und lassen die Flüssigkeit auf kleiner Flamme einkochen, bis nur ganz wenig vom Saft übrig ist. Heiß servieren.

Samp

Gekochter Spaltmais

Südafrika – Für 6-8 Personen

Samp sind am Kolben getrocknete Maiskörner, die in kleinere Teile zerspalten, aber nicht gemahlen werden. In Südafrika verwendet man Mörser und Stössel, aber in den größeren Städten gibt es bereits Maschinen, die den Mais zerkleinern. Spaltmais ersetzt oft den Reis.

8 Schalen Wasser
4 Schalen Samp
Salz nach Geschmack
200 g Speck, fein gehackt
4 Schalen vorgekochte Bohnen mit schwarzen Augen oder andere Bohnen

Wasser, Samp und Salz in einem Topf zum Kochen bringen, dann ca 2-3 Stunden weich köcheln lassen. Die Stärke sollte nach dem Kochen ausgespült werden. In einer Pfanne den Speck auslassen und nach 3-5 Minuten Samp und Bohnen hinzufügen, gut umrühren und etwas nachsalzen.

Ein Tip: *Um Zeit und Energie zu sparen können Sie Samp im Druckkochtopf, in etwa einem Drittel der Zeit garen.*

Grünes Maisbrot

Südafrika – Für 4-6 Personen

6 Schalen frische Maiskörner
Salz nach Geschmack
4 Teelöffel Backpulver
2 Esslöffel Maisöl oder anderes Pflanzenöl
Zucker nach Geschmack
Butter (nicht zwingend)

Die Maiskörner werden in der Küchenmaschine püriert und in einer Schüssel mit den anderen Zutaten gut vermischt. In einer großen, eingefetteten Form, im Ofen bei 200° C 30-35 Minuten lang backen. Lassen Sie das fertige Brot ca 10 Minuten lang auskühlen, bevor Sie es aus der Form stürzen. Nach Wunsch mit Butter servieren.

Ein Tip: *Der Teig kann auch in einer Puddingschüssel über Dampf zubereitet oder in Bananenblätter eingewickelt und gedämpft werden.*

Mealie Bread

Maismehl-Brot

Südafrika – Für 6-8 Personen

Mealie ist der Name für Mais oder Korn in Südafrika.

1 1/2 Schalen pürierter Süssmais aus der Dose
2 schaumig geschlagene Eier
2 Schalen mealie meal (Maisbrei) aus weissem oder gelbem Mais
1 Schale Mehl
3 Teelöffel Backpulver
1/2 Schale frische Milch
1/2 Schale Zucker
1/2 Teelöffel Salz
2 Esslöffel Pflanzenöl

Den Ofen auf 200° C vorheizen. Alle Zutaten gut vermischen, in eine eingefettete Form geben und ca 30 Minuten backen. Das Brot sollte in der Form auskühlen.

Gericht aus Bohnen und Bananen

Angola – Für 4-6 Personen

2 Schalen getrocknete Bohnen
5-6 Schalen Wasser
1 Schale Palmöl
1 – 1 1/2 Brühwürfel
Salz nach Geschmack
1 Teelöffel scharfer Chili
4-6 grüne Bananen
1 1/2 Schalen Gari

Die Bohnen waschen und etwa eine Stunde lang, bzw. bis sie weich sind, kochen. Die übrigen Zutaten außer Bananen und Gari unter die Bohnen rühren. Während die Bohnen weichkochen, sollten die grünen Bananen geschält und ebenfalls 10-15 Minuten gekocht werden. Die Bohnen werden direkt auf den Tellern angerichtet, wobei jeweils eine Banane an den Rand des Tellers gehört. Über die Bohnen streut man ca 1 Esslöffel Gari je Teller.

Reis mit Papaya und Kokos

Mosambik – Für 4-6 Personen

- 2 1/2 Schalen gewaschener, gut abgetropfter Reis
- 2 Schalen Wasser
- 2 Schalen Kokosmilch (siehe Grundrezepte)
- 1 Teelöffel Zimt
- Salz nach Geschmack
- 1 Schale gekochte, pürierte Papaya
- 2 Schalen gekochte, kleingewürfelte Papaya

Reis, Wasser, Kokosmilch, Zimt und Salz in einem großen Topf zum Kochen bringen, dann die Hitze reduzieren und 20-25 Minuten köcheln lassen. Die Flamme abdrehen und die pürierten und kleingewürfelten Papayas mit einer Gabel unterheben. Als Zwischengericht oder als Hauptgericht mit Fleisch servieren.

Reis mit Kurkuma und Rosinen

Südafrika – Für 4-6 Personen

Im Volksmund heißt dieses Gericht gelber Reis mit Rosinen

- 2 Schalen Langkorn-Reis
- 1 Esslöffel Kurkuma (Gelbwurz)
- 2 Zimtstangen
- 1 Teelöffel Salz
- 1 1/2 l Kochwasser
- 1 Schale Rosinen
- 2 Esslöffel Butter oder Margarine
- 2 1/2 Esslöffel brauner oder weisser Zucker

Den Reis sorgfältig waschen, in einem großen Topf mit Kurkuma, Zimt und Salz vermischen, kochendes Wasser darübergießen und etwa 15 Minuten auf großer Flamme kochen. Das Wasser mit einem Sieb abgießen, die Rosinen mit dem Reis vermischen und über Dampf – am besten in einem Dampfkochtopf mit Einsatz – ca 50-60 Minuten lang garen. Die Zimtstangen entfernen und Butter und Zucker in den Rosinenreis rühren. Mit einer Sauce oder Bobotie servieren.

Fleischbällchen mit Kraut

Südafrika – Für 6-8 Personen

1 grosser Krautkopf (Weisskohl)
1 dicke Scheibe Weissbrot
1/2 Schale Wasser
1 1/2 kg faschiertes Rindfleisch (Hackfleisch)
1 grosse, feingehackte Zwiebel
1 Ei
1 Esslöffel feingehackte Petersilie
1/2 Teelöffel geriebene Muskat
4 Schalen Rinderbrühe aus 2 Brühwürfeln
2 Esslöffel Mehl (nicht zwingend)

Die Krautblätter einzeln waschen und etwa 3-5 Minuten blanchieren. Aus dem Wasser nehmen und beiseite stellen. Das Brot in 1/2 Schale Wasser einweichen, das Wasser herausdrücken, einer großen Schüssel Brot, Fleisch, Zwiebel, Ei, Petersilie und Muskat vermischen. Dann bringen Sie den Rinderfond in einem schweren Topf zum Kochen. Währenddessen wird die Mischung aus Fleisch und Gewürzen zu kleinen Bällchen geformt, die Sie auf je ein Krautblatt legen.

Die Krautblätter jetzt gut zusammenrollen, die Hitze unter dem Rinderfond reduzieren und die Krautbällchen vorsichtig in die Flüssigkeit legen. Den Topf zudecken und die Rindsbrühe zum Aufwallen bringen, dann die Flamme klein drehen und das Gericht etwa 40-45 Minuten köcheln lassen. Die Krautwickel herausnehmen und in eine Servierschüssel schichten. Dicken Sie die köchelnde Rindsbrühe mit etwas Mehl oder mit einer Creme-Suppe ein und gießen die heiße Sauce über die Fleischbällchen. Mit Reis servieren.

Statt des Mehls: *1 kleine Packung Pilzcreme- oder Zwiebel-Suppe*

Ein Tip: *Den ganzen Krautkopf blanchieren, dann lösen sich die einzelnen Blätter leichter und bleiben ganz.*

Rindfleisch-Curry

Lesotho – Für 4-6 Personen

1 kg mageres, zartes Rindfleisch zum Dünsten
4 Esslöffel Olivenöl
Mehl zum Stäuben
1 grosse, feingehackte Zwiebel
1 geschälter, gewürfelter Apfel
1/2 Teelöffel Chili
1/2 kleine Dose Tomatenmark oder 4 ganze Tomaten aus der Dose
1 Esslöffel Curry-Pulver (siehe Gewürzmischungen)
1/2 Teelöffel Kurkuma
2 Schalen Wasser

Das Rindfleisch waschen und in kleinere Würfel zerteilen (etwa so groß wie ein kleiner Pfirsich). Öl in einer Pfanne erhitzen, das Fleisch in Mehl rollen und auf allen Seiten braun braten. Nun die Zwiebel dazugeben und goldbraun rösten. Rühren Sie immer wieder um! Die Apfelwürfel und alle übrigen Zutaten dazurühren, die Pfanne zudecken und auf sehr kleiner Pfanne etwa 2 Stunden köcheln lassen. Ab und zu umrühren und bei Bedarf Wasser nachgießen. Mit Reis servieren.

Sosaties

Gegrilltes Lamm

Südafrika – Für 4-6 Personen

In Südafrika macht man Sosaties hauptsächlich mit Lamm als beliebte Zutat zu Barbecues. Sosaties sind in Südafrika das, was Suya in Westafrika bedeutet: Eine Form von Kebab, wie es in anderen Regionen genannt wird. Man kann die Marinaden variieren, doch enthalten sie immer Curry-Pulver und etwas Zucker; Sie können den Zucker auch weglassen. Man kann Sosaties im Voraus würzen und im Kühlschrank aufbewahren, wodurch die Marinade auch in das Innere der Fleischstücke dringt.

Marinade (für 1 kg gewürfeltes Lammfleisch)
2 Esslöffel Pflanzenöl
3-4 in feine Ringe geschnittene Zwiebeln
1 1/2 Teelöffel Curry-Pulver (siehe Gewürzmischungen)

1 Esslöffel schwarzer Pfeffer
2 zerdrückte Knoblauchzehen
1 Teelöffel frische, pürierte Chilischoten (nicht zwingend)
6 Koriander-Samen, zerstossen
2 Esslöffel Zitronensaft
1 1/2 Schalen Wasser
Salz nach Geschmack

Rösten Sie die Hälfte der Zwiebeln im Öl goldbraun und rühren Sie dann alle anderen Zutaten hinein. Sie sollten noch etwa 1-2 Minuten dünsten. Abkühlen lassen, die Fleischstücke damit marinieren und 1-2 Tage, vorzugsweise im Kühlschrank, ziehen lassen.
Stecken Sie die Lamm-Stücke auf Spieße und legen Sie sie auf den Grill, wobei die Spieße immer wieder gedreht werden müssen. Etwas Marinade sollte zwischendurch auf das Fleisch gepinselt werden, der Rest wird zum Kochen gebracht und als Sauce mit den Sosaties serviert.

Fleischlaibchen mit Curry

Lesotho – Für 4-6 Personen

1 kg faschiertes Rindfleisch (Hackfleisch)
1/2 Teelöffel Muskat
1 Ei
4 Teelöffel Curry-Pulver (siehe Gewürzmischungen)
4-5 Esslöffel feine Brotbrösel
1 feingehackte Zwiebel
2 Esslöffel Tomatenmark
3 Lorbeerblätter
3 Schalen Wasser
Salz nach Geschmack

Stellen Sie 2-3 Esslöffel vom Faschierten zur Seite. Das übrige Fleisch kommt in eine Schüssel und wird mit Muskat, dem Ei und der Hälfte des Curry-Pulvers gut vermischt. Dann die Brotbrösel dazumengen. Das Öl erhitzen und die Zwiebel, das Tomatenmark, und den Rest des Curries ca 5 Minuten lang rösten. Nun Wasser dazugießen und die Zutaten zum Kochen bringen. Rühren Sie die zur Seite gestellten 3 Esslöffel Hackfleisch in die Sauce. Die Fleischmischung aus der Schüssel zu Bällchen formen und vorsichtig in die kochende Sauce legen; unter gelegentlichem Umrühren ca 25-30 Minuten köcheln lassen. Mit Reis servieren.

Bobotie

Pastete mit Lammfleischfüllung

Südafrika – Für 6-8 Personen

Hackfleisch bzw. Faschiertes ist Bestandteil vieler Gerichte in der südafrikanischen Küche. Die traditionellsten, noch immer überaus beliebten Fleischpasteten, heißen »Boboties«. Ihre Ursprung ist die Kapregion. Boboties gibt es mittlerweile in verschiedenen Varianten, manchmal verwendet man Fleischreste anderer Gerichte statt rohem Fleisches. Die Pasteten müssen bei der Zubereitung feucht sein, sie dürfen also nicht bei zu großer Hitze gebacken werden, da sonst die Pasteten austrocknen.

2 Scheiben Weissbrot
1 Schale Milch
2 grosse, feingehackte Zwiebeln
1 zerdrückte Knoblauchzehe
2 Esslöffel Pflanzenöl
1 kg faschiertes (gehacktes) Lamm-Fleisch – Sie können auch Rind oder eine Mischung zweier Fleischsorten verwenden
1 Esslöffel Curry-Pulver (siehe Gewürzmischungen)
1 Ei
Salz und Pfeffer nach Geschmack
2 Esslöffel Essig oder Zitronensaft
1 Esslöffel Zucker, falls der Essig sehr scharf sein sollte
2 Esslöffel Aprikosen-Chutney
1 Esslöffel Aprikosen-Marmelade
je ein 1/2 Teelöffel Kardamon, Koriander und Kreuzkümmel
1 geriebener Apfel
1 gehäufter Esslöffel geraspelte Kokosnuss
1 Schale Rosinen
6 feingehackte Mandeln
4 Lorbeer- oder Zitronenblätter

Die Brotscheiben in der Milch einweichen, dann die Milch herausdrücken und das weiche Brot beiseite stellen. Im erhitzten Öl die Zwiebeln anrösten, das Fleisch hinzufügen und beides unter ständigem Umrühren hellbraun rösten. Vom Herd nehmen und auskühlen lassen. Vermischen Sie in einer großen Schüssel alle Zutaten mit dem Fleisch außer den Lorbeerblättern. Die Mischung in eine gefettete Backform geben und die Lorbeerblätter aufrecht hineinstecken. In einem nicht zu heißen Ofen bei ca 150° C ca 30 Minuten lang backen.

Eier-Sauce

- 2-4 Eier, je nach Menge der anderen Zutaten
- 1 Schale Milch, etwas mehr, wenn Sie 4 Eier nehmen

Die Eier und die Milch werden verrührt und über den Fleischteig gegossen. Weitere 15 Minuten backen und mit gekochtem Reis und Chutney servieren. Stellen Sie auch Kokosnüsse oder Rosinen dazu.

Eine Variante: *Schneiden Sie 4 hartgekochte Eier in Scheiben und garnieren Sie damit die Fleischpastete, bevor sie in den Ofen kommt.*

Swazi Schweine-Koteletts

Swaziland – Für 4-6 Personen

- 1 grosse, zerdrückte Knoblauchzehe
- 6 Schweinekoteletts, ca 2,5 cm dick
- 1 Schale fertige Hühnersuppe
- 2 Schalen Wasser
- 1 Schale gewaschener Reis
- 2 Esslöffel Pflanzenöl
- 1 in dünne Streifen geschnittene Stange eines Stauden-Selleries
- 4 junge Zwiebel, in Ringe geschnitten
- Chili-Pulver (nicht zwingend) (siehe Grundrezepte)
- 1/2 Schale grobgeschnittene rote und grüne Paprika
- Salz nach Geschmack

Die Koteletts auf beiden Seiten gut mit dem Knoblauch einreiben, die Hühnersuppe mit 2 Schalen Wasser gut vermischen, dann den Reis darunter rühren. In einer Kasserole von ca 50 cm Durchmesser die Koteletts mit 2 Esslöffel Pflanzenöl auf beiden Seiten braun braten. Die Koteletts aus der Pfanne nehmen, überschüssiges Fett weggießen und das Fleisch auf den Reis legen. Zum Kochen bringen und etwa 30 Minuten lang köcheln lassen. Sellerie, Zwiebeln und Paprika hinzufügen, von der Hitze nehmen und das Gericht bei zugedecktem Topf noch etwa 5 Minuten stehen lassen, bis die Flüssigkeit absorbiert ist. Heiß servieren.

Lamb potje

Lamm und Gemüse

Südafrika – Für 4-6 Personen

Potjekos heißt in Südafrika der dreibeinige Eisentopf, mit dem man früher in fast ganz Afrika gekocht hat. Es war neben Tongefäßen das gebräuchlichste Kochgeschirr. Diese Kochtöpfe wurden langsam durch Aluminium- und Stahlkasserolen ersetzt. In den Dörfern sieht man jedoch noch viele Hausfrauen, die ihre Speisen in den alten Eisentöpfen zubereiten. Auf drei stabile Steine gestellt, konnte der Kochtopf nicht nur im Haus, sondern auch im Freien benützt werden. Modernere Versionen des Potjekos bestehen aus Zink. Meine Freundin und ich haben das unten beschriebene Gericht in einem Schnellkochtopf zubereitet, in dem das Lamm-Potje auf dem Gasherd ca 15 Minuten garen muss.

1/4 Schale Pflanzenöl
1 grosse, in Ringe geschnittene Zwiebel
1 kg Lammrippchen oder -koteletts
2 zerdrückte Knoblauchzehen
Salz nach Geschmack
1 Teelöffel Pfeffer
2 sehr reife Tomaten, kleingehackt
400 g frische, geputzte Fisolen
6 kleine, geschälte Kartoffeln

Die Zwiebeln im erhitzten Öl braun rösten, dann das Lammfleisch, den Knoblauch, Salz und Pfeffer dazugeben. Mit 2 Schalen Wasser aufgießen und zum Kochen bringen. Tomaten und grüne Bohnen hinzufügen, den Topf zudecken und etwa 45 Minuten kochen lassen. Mit Chili, Brot und Butter servieren.

Für die deutschen LeserInnen: *Fisolen sind der österreichische Ausdruck für grüne Bohnen.*

Thunfisch-Kartoffel-Bällchen

Mosambik – ca 12 Bällchen

4-5 mittlere, gekochte Kartoffeln
185 g Dosen-Thunfisch, in Öl
1 grosse, feingehackte Zwiebel
1 Esslöffel, feingehackte Petersilie
1 zerdrückte Knoblauchzehe
1/2 Teelöffel schwarzer Pfeffer
1 leicht geschlagenes Ei
Salz nach Geschmack
Öl zum Fritieren

Die gekochten Kartoffeln schälen und in einer Schüssel pürieren. Das Thunfisch-Öl abgießen und den Fisch mit den anderen Zutaten unter das Püree mischen. Aus der Paste werden kleine Bällchen geformt und im heißen Öl herausgebacken. Auf einer Küchenrolle abtropfen lassen und als Zwischengericht servieren. Sie können die Masse auch zu kleinen Fladen formen und in einer Pfanne mit weniger Öl braten.

Krebs-Sauce

Mosambik – Für 4-6 Personen

1 kg kleine, runde Krabben bzw. Krebse oder grosse Garnelen
1/2 Schale Pflanzenöl
1 grosse, feingehackte Zwiebel
4 mittlere, kleingehackte Tomaten
2 grüne Paprika, entkernt und feingehackt
2 zerdrückte Knoblauchzehen
1 Teelöffel frisch gemahlener Ingwer
1/2 Teelöffel gemahlene Gewürznelken
1 Teelöffel gemahlener Kreuzkümmel
2 Teelöffel Koriander, fein gemahlen
1 Teelöffel Chili (nicht zwingend)
1 oder 2 Scheiben getrocknete Mango oder 1 Esslöffel Zitronensaft
2-3 Schalen dicke Kokosmilch (siehe Grundrezepte)
Salz nach Geschmack

Die Krebse oder Garnelen waschen und beiseite stellen. Das Pflanzenöl in einer großen Pfanne erhitzen und die Zwiebel darin goldbraun rösten. Die Tomaten und Paprika dazurühren und ca 3-5 Minuten lang unter gelegentlichem Umrühren braten lassen. Die Krebse bzw. Garnelen dazugeben und die übrigen Zutaten gemeinsam mit zwei Schalen Kokosmilch darunterrühren. Auf kleiner Flamme ca 25 Minuten köcheln. Falls die Sauce zu dick wird, gießen Sie Kokosmilch nach. Mit Reis servieren.

Eingelegter Fisch

Südafrika – Für 6-8 Personen

Dieses Gericht stammt aus der Kap-Region und ist heute im ganzen Land beliebt. Der Fisch schmeckt besser, wenn man ihn drei Tage vor dem Servieren zubereitet und ihn im Kühlschrank aufbewahrt. Dort hält er sich sogar mehrere Wochen.

- 1/2 Schale Pflanzenöl
- 3 grosse, in Ringe geschnittene Zwiebeln
- 1 1/2 bis 2 kg Heilbutt-Filets
- 1/2 Schale Zucker
- 1 Teelöffel Cayenne-Pfeffer
- 3-4 Teelöffel Curry-Pulver (siehe Gewürzmischungen)
- 2 Teelöffel Kurkuma
- 1 Teelöffel gemahlener Koriander
- 2 Teelöffel Salz
- 1 Esslöffel feingeraspelte, frische Ingwerwurzel
- 3-4 Lorbeerblätter
- 1 Schale Wasser
- 2 Schalen milder Essig

Die Zwiebeln im heißen Öl 4-5 Minuten lang rösten. Dann aus der Pfanne nehmen und beiseite stellen. Die Fisch-Filets ins Öl legen und ca 5 Minuten braten. Rühren Sie ab und zu vorsichtig um, aber achten Sie darauf, dass der Fisch nicht in zu kleine Stücke zerfällt. Den Fisch aus der Pfanne nehmen und zur Seite stellen. Die übrigen Zutaten in die Pfanne geben und bei kleiner Hitze ca 25 Minuten lang köcheln lassen. Nun den Fisch und die Zwiebeln wieder in die Pfanne zu den anderen Zutaten legen, einen Deckel darauf geben und weitere 10-15 Minuten köcheln lassen. Den Fisch mit der Sauce in eine Glasterrine legen und abkühlen lassen. Zugedeckt ca 2-3 Tage im Kühlschrank stehen lassen, bevor man ihn serviert.

Snoek-Paté

Südafrika

Snoek ist ein in Südafrika sehr beliebter Fisch, den man grillen, kochen, braten oder auch zu Patés oder Aufstrichen verarbeiten kann. Sie können statt Snoek einen anderen Fisch mit festem Fleisch nehmen.

1 kg geräucherter Snoek
1 1/4 Schalen Weisswein
2/3 Schale Butter oder Margarine
Schale und Saft einer Zitrone
1 Schale Schlagobers (Schlagsahne)
1/2 Teelöffel frisch gemahlener schwarzer Pfeffer

Der Fisch wird entgrätet und in kleine Stücke gezupft. Die Fischflocken werden mit dem Wein und der Margarine in einer Schüssel vermischt, dann in kleinen Portionen in der Küchenmaschine püriert, bis eine glatte Paste entsteht. Die Zitronenschale und den Saft dazurühren, pfeffern und das Schlagobers unterheben. In eine große, schwere Schüssel geben, zudecken, 2-3 Stunden kalt stellen und mit Toast oder frischem Brot servieren.

süsse Kassava

Mosambik

500 g frisch geriebene Kassava
2 Zimtstangen
1 Teelöffel Kardamonpulver
1 Schale Wasser
2 Schalen Kokosmilch
1 Schalen Zucker

Die Kassava wird geschält und gewaschen, der Länge nach halbiert und die harten Fasern entfernt. Nun wird sie in kleine Stücke geschnitten, mit Zimt und Kardamon in einen Topf gegeben und mit dem Wasser zum Kochen gebracht. Kochen lassen, bis das Wasser fast verdampft ist. Die Kokosmilch darübergießen und unter ständigem Rühren weitere 10 Minuten kochen lassen. Den Zucker hinzufügen und weiter umrühren. Die Masse in eine tiefe Servierschüssel geben und auskühlen lassen, dann 1-2 Stunden in den Kühlschrank stellen. Beim Servieren schneiden Sie Quadrate aus und heben sie auf die Dessert-Teller.

Papaya-Pudding

Mosambik

1 grosse, reife Papaya
1 Schale frisch gepresster Zitronensaft
1 Schale Wasser
2 Schalen Zucker
1/4 Esslöffel Gewürznelken
1 kleine Zimtstange
6 Eigelb

Halbieren Sie die Papaya und entfernen Sie die Kerne. Schneiden Sie das Fruchtfleisch in Würfel, geben diese in einen Mixer, fügen Zitronensaft und Wasser hinzu und vermischen alles zu einem feinen Püree. Passieren Sie dieses durch ein feines Sieb in einen Topf. Rühren Sie Zucker und Gewürznelken hinein und lassen Sie die Masse aufkochen. Legen Sie die Zimtstange dazu und lassen Sie alles weitere 5 Minuten kochen. Hitze verringern, die Eigelb schlagen und langsam, unter ständigem Umrühren in den Topf gießen. Verteilen Sie die Creme in hitzefeste Schüsselchen und stellen Sie sie 1-2 Stunden kalt, bevor sie serviert werden.

Melk Tert

Südafrika – ca 20-25 kleine Törtchen

Für den Blätterteig:

2 1/2 Schalen feines Mehl
1/4 Teelöffel Salz
1/2 Schale sehr kaltes Wasser oder Eiswasser
2 Esslöffel Zitronensaft
1 Eigelb
250 g kalte Butter, geraspelt oder in kleine Würfelchen geschnitten

Mehl und Salz gut vermischen. Wasser, Zitronensaft und Eigelb mit einer Gabel in das Mehl treiben. Den Teig leicht auf einer bemehlten Unterlage kneten, dann zu ca 1 cm Dicke ausrollen und mit der geraspelten Butter bestreuen. Den Teig von beiden Seiten her, zur Mitte hin zusammenrollen, wieder ausrollen und diesen Vorgang 5-6 Mal wiederholen, bis die Butter sich völlig im Teig aufgelöst hat. Den Teig in Folie wickeln

und bis zu einer Stunde, mindestens aber 30 Minuten kalt stellen, bevor er weiter verwendet wird.

Für die Fülle:

- 2 Schalen frische Milch
- 1 Esslöffel Butter
- 1 kleine Zimtstange
- 1/4 Teelöffel Salz
- 2 Esslöffel Mehl
- 2 Esslöffel Maisstärke
- 1/2 Schale Zucker
- 4 Eier, Eigelb und Eiweiss getrennt
- 2-3 Esslöffel Zimtzucker

1/4 Schale Milch beiseite stellen. Die übrige Milch mit Butter und Zimtstange in den oberen Einsatz eines Dampfkochers geben. Lassen Sie die Milch kurz aufkochen und geben Sie etwas Salz dazu. Mehl und Maisstärke mit 1/4 Schale Milch vermischen, bei Bedarf etwas zusätzliche Milch dazugießen. Zur kochenden Milch rühren und unter ständigem Umrühren weiter erhitzen, bis die Mischung den Löffelrücken überzieht. Die Zimtstange entfernen, den Topf vom Feuer nehmen und Zucker und Eigelb unterrühren. Das Eiweiß zu steifem Schnee schlagen und unter die Creme heben. Kleine Förmchen mit Blätterteig auslegen und die Fülle in die Teigförmchen gießen. 10 Minuten bei 200° C backen. Die Temperatur auf 180° C senken und weitere 5-10 Minuten bzw., bis sich die Fülle gesetzt hat, fertigbacken. Aus dem Ofen nehmen und mit Zimtzucker bestreuen.

Zimtzucker: *2 Teelöffel Zimtpulver mit 3/4 Schale Kristallzucker vermischen.*

Blätterteig *muss man nicht selbst zubereiten, Sie können auch fertigen Teig kaufen, der normalerweise tiefgefroren erhältlich ist.*

Krakelinge

Kekse in Form einer Acht

Südafrika – Für ca 12 Kekse, je nach Grösse

1 Schale Butter
1/2 Schale Zucker
1 Eigelb
1 ganzes Ei
3 Schalen Mehl
1 Teelöffel Backpulver
1 Teelöffel Zimt
1/4 Teelöffel Salz
1/4 Schale Zucker zum Bestreuen
1/2 Schale feingehackte Mandeln

Butter und Zucker cremig verrühren und das ganze Ei darunterschlagen. In einer anderen Schüssel werden Mehl, Backpulver, Zimt und Salz gut vermischt. Die Mehlmischung zu den anderen Zutaten geben und leicht kneten. Den Teig auf einer bemehlten Fläche auf ca 1cm Dicke ausrollen. Das Eigelb schlagen und auf die Teig-Oberfläche streichen. Streuen Sie zuerst den Zucker, dann die Mandeln auf den Teig und drücken Sie sie leicht mit der Handfläche ein. Den Teig in schmale, ca 1 1/2 cm breite und 20 cm lange Streifen schneiden und daraus Achten formen. Die Kekse werden nun mit der bestreuten Fläche nach oben auf befettetes Backpapier gelegt. In einem heißen Ofen, bei ca 200° C 8-10 Minuten lang backen. Die fertigen Kekse mit einer Kuchenschaufel vom Papier heben und auf einem Gitter auskühlen lassen. Sie halten sich in einer gut verschlossenen Dose, bis zu 2 Wochen lang.

Koeksisters

Südafrika – 18-20 Stück

Koeksisters macht man in verschiedenen Formen. Am beliebtesten ist der Zopf. Sie gleichen den westafrikanischen Chin-Chin, werden aber normalerweise mit dickem Sirup übergossen.

200 g Butter oder Margarine
100 g Zucker
2 ganze Eier
6-7 Schalen Mehl
2 Teelöffel Backpulver
1/2 Teelöffel Zimt
1/4 Teelöffel Ingwer-Pulver
1 Teelöffel Salz
1/2 Schale Milch
4 Esslöffel Obers (Sahne)
Öl zum Fritieren
Zuckersirup (siehe unten)

Butter und Zucker cremig rühren. Nach und nach die Eier daruntergeben. In einer anderen Schüssel werden Mehl, Backpulver, Zimt, Ingwer und Salz gut vermischt. Milch und Obers vermengen und etwa ein Drittel der Mischung unter die Butter und den Zucker rühren. 2 Schalen der Mehlmischung beigeben, dann abwechselnd Mehl und Flüssigkeit unterheben, bis die ganze Menge gut miteinander vermischt ist. 2-3 Minuten kneten, dann den Teig auf eine bemehlte Unterlage stürzen und auf ca 1 cm Dicke ausrollen. Den Teig in kleine Streifen schneiden und daraus mehrere kleine etwa 12-15 cm lange Zöpfe flechten. Die Zöpfe auf ein schwach bemehltes Blech legen. In einer Friteuse das Öl erhitzen und die Koeksisters goldbraun herausbacken. Schnell abtropfen lassen und in Zuckersirup tauchen. Auf einen Servierteller legen und im Kühlschrank kalt werden lassen.

Für den Zuckersirup:

2 Schalen Wasser und 4 Schalen Zucker

Den Sirup sollten Sie mindestens 1 Tag vor dem Backen zubereiten. Das Wasser und den Zucker ca 10 Minuten lang kochen. Auskühlen lassen und im Kühlschrank aufbewahren.

WEST- UND ZENTRALAFRIKA

Hier isst man vor allem Getreide, Kochbananen, viele Wurzel- und Knollenarten und zahlreiche Gewürze, Kräuter und Gemüsesorten. Wie die ÄthiopierInnen das Ghee, verwenden die KöchInnen in West- und Zentralafrika bei den meisten Gerichten Palmöl und reichern sehr viele Speisen mit Erd- und Kokosnüssen oder mit Kernen wie Egusi (Kürbiskernen) an. An der Küste konsumiert man Fisch und Meeresfrüchte, im Inneren vor allem Wild und Geflügel. Im nördlichen Teil West- und Zentralafrikas gleicht die Küche, bedingt durch die gemeinsame arabische Kultur, der nordafrikanischen. Wie in anderen Regionen ist auch die Küche West- und Zentralafrikas, besonders in großen Städten, stark europäisch beeinflusst.

Fischsuppe

Cabo Verde – Für 6-8 Personen

500 g gesalzener Fisch, den Sie über Nacht in Wasser gelegt haben
2 Esslöffel Olivenöl
1 fein gehackte Zwiebel
2 zerdrückte Knoblauchzehen
2 fein gehackte Tomaten
1 Teelöffel schwarzer Pfeffer
1 Teelöffel Gewürznelken-Pulver
1 klein geschnittene Selleriestange
2 Esslöffel fein gehackte Petersilie
2 Fischbrühwürfel oder andere Brühwürfel
Saft einer Zitrone
2 Lorbeerblätter
1 Schale gewaschener Reis
6-8 Schalen Wasser
Salz nach Geschmack

Waschen Sie den Fisch unter kaltem Wasser ab, reißen Sie ihn in kleine Stücke und stellen ihn beiseite. Erhitzen Sie das Öl und rösten darin 2-3 Minuten Zwiebeln, Knoblauch und Tomaten an, wobei Sie ständig umrühren sollten. Nun kommen der Fisch und die übrigen Zutaten hinzu, werden gut miteinander vermischt, zugedeckt und 20 Minuten gegart. Heiß servieren.

Bohnensuppe

Für 4 Personen

2 Schalen getrocknete Bohnen, mindestens 2 Stunden in Wasser einweichen
6 Schalen Wasser
1/2 Teelöffel schwarzer Pfeffer
1/4 kg Schweine- oder Rindfleisch, in Würfel geschnitten
1 grosse Tomate, feingehackt, oder 1 Esslöffel Tomatenmark
Chili-Pfeffer (nicht zwingend)
1/4 Schale Pflanzenöl
Salz nach Geschmack
1 Esslöffel gemahlenes Akob-Gewürz (nicht zwingend)
3 Esslöffel gemahlene, getrocknete Shrimps

Gießen Sie das Bohnenwasser ab, waschen Sie die Bohnen und kochen Sie sie bei großer Hitze in ca 6 Schalen Wasser. Nach 20 Minuten die Flamme zurückdrehen und die Bohnen bei kleiner Hitze ca 1 Stunde lang weichkochen.
Fügen Sie nun alle anderen Zutaten, außer dem Akob-Gewürz und den Shrimps hinzu. Ca 2 Schalen Wasser dazugießen und während der nächsten 10 Minuten ständig umrühren, während die Suppe köchelt. Wenn das Fleisch weich ist werden Akob und Shrimps beigefügt. Nochmals umrühren und die Suppe noch eine Weile weiter kochen lassen. Falls sie zu dick wird, gießen Sie Wasser nach. Servieren Sie die Suppe sehr heiß!

Folgende Zutaten lassen sich ersetzen: *Statt des gemahlenen Akob-Gewürzes können Sie Gewürze Ihrer Wahl verwenden. Der Geschmack des Akob lässt sich leider nicht nachahmen! Für die getrockneten, gemahlenen Shrimps können Sie auch 250 g geräucherten Fisch nehmen.*

Fisch-Pfeffer-Suppe

Kamerun – Für 4 Personen

2 frische Makrelen
6 Schalen Wasser
Salz nach Geschmack
Chili-Pfeffer nach Geschmack
1 kleine, feingehackte Zwiebel
2 Esslöffel gemahlenes Njangsa-Gewürz
1 Rindsbrühwürfel

Den Fisch ausnehmen, reinigen und in ca 3-4 cm dicke Scheiben schneiden. In einem Topf Wasser aufsetzen und mit Salz, Pfeffer, den Zwiebeln und dem gemahlenen Njangsa-Gewürz 10 Minuten kochen lassen. Nun kommen die Rindsbrühe bzw. der Brühwürfel und die Fischscheiben dazu. Weitere 10 Minuten kochen lassen und heiß servieren.

Statt des Njangsa-Gewürzes können sie eine beliebige andere Gewürzmischung verwenden.

Fünüsongnu-Suppe

Kamerun – Für 4 Personen

6 Schalen kaltes Wasser
1/2 kg in Würfel geschnittenes Rindfleisch, nehmen Sie am besten zarteres Rindfleisch zum Dünsten
1 kg Fünüsongnu
Salz nach Geschmack
Chili-Pfeffer (nicht zwingend)
Einige Prisen schwarzer Pfeffer
1 Esslöffel gemahlenes Akob-Gewürz

Das Rindfleisch in ca 6 Schalen Wasser kochen lassen. Bevor es ganz weich ist, wird es mit dem kleingehackten Fünüsongnu, Salz, Chili-Pfeffer und schwarzem Pfeffer gewürzt. Geben Sie das Akob-Pulver dazu und kochen Sie die Suppe so lange, bis das Gemüse weich ist. Um die Suppe etwas dicker zu machen, werden 3 Esslöffel Fünüsongnü püriert und eingerührt. Servieren Sie heiß!

Sie können folgende Zutaten ersetzen:
Fünüsongnu: *Verwenden Sie stattdessen Bambussprossen*
Gemahlenes Akob-Gewürz: *Verwenden Sie andere Gewürze Ihrer*

Wahl. Der Geschmack des Akob kann leider nicht nachgeahmt werden!

Fünüsongnu ist mit dem tropischen Elefantengras verwandt. Die jungen Triebe werden geerntet und von den grünen äußeren Blättern befreit. Das Innere (das Herz) wird als Gemüse verwendet, es ist Bambussprossen sehr ähnlich.

Pilz-Pfeffersuppe

Kamerun – Für 4 Personen

In meiner Heimatstadt gibt es eine besondere Art von Pilzen – genannt *Antwere* – die in sehr großen Gruppen wachsen. Es ist Brauch, dass jeder, der eine Pilzgruppe entdeckt, nur einen Pilz pflücken darf, um dann die anderen Stadtbewohner von seinem Fund zu unterrichten. Die Ernte wird geteilt. Man glaubt, dass den Menschen, die ihren Fund nicht mit den anderen teilen, irgendein Unglück zustoßen wird.

1 kg frische Pilze
6 Schalen Wasser
1 Brühwürfel, Rind oder Huhn
Chili (nicht zwingend)
Salz nach Geschmack
2 Esslöffel getrocknete, gemahlene Shrimps
2 Kochbananen (nicht zwingend)

Putzen Sie die Pilze und reißen Sie sie in kleine Stücke. Die Pilze werden gemeinsam mit allen anderen Zutaten in einem zugedeckten Topf etwa 10 Minuten lang gekocht.

Als Ersatz für die Shrimps können Sie etwa 100 g geräucherten Trockenfisch (in Flocken) verwenden.

Diese Suppe wird häufig in den typischen städtischen Imbissstuben und an großen Hauptverkehrsstraßen angeboten. Reisende kehren dort gern ein, da der Weg zwischen den größeren Städten oft mehrere Stunden in Anspruch nimmt. In diesen Restaurants ist es üblich, mehr Kochbananen in die Suppe zu tun, um daraus eine Hauptmahlzeit zu machen. Da Dosenpilze ihren Eigengeschmack verloren haben, ist es besser, frische Pilze zu verwenden.

Auberginen-Pfeffersuppe

Kamerun – Für 4 Personen

1/2 kg kleine Auberginen oder Baby-Auberginen
5 Schalen Rinderbrühe
1 kleine, feingehackte Zwiebel
2 Esslöffel gemahlene, getrocknete Shrimps (nicht zwingend)
Salz nach Geschmack
1/4 Teelöffel schwarzer Pfeffer

Geben Sie die gewaschenen Auberginen gemeinsam mit allen anderen Zutaten in einen Topf und kochen Sie sie, bis sie weich sind. Den Topf vom Feuer nehmen, nach dem Abkühlen die Auberginen herausnehmen und schälen. Pürieren Sie das Gemüse und geben Sie das Püree zurück in den Topf. Gut umrühren und die Suppe nun noch 5 Minuten bei kleiner Hitze köcheln lassen. Servieren Sie sie sehr heiß.

Gemahlene, getrocknete Shrimps ersetzen: *Hier können Sie auch getrockneten und gerissenen Räucherfisch nehmen.*

Ziegen-Pfeffersuppe

Für 4 Personen

1 kg kleingeschnittenes Ziegenfleisch mit Knochen
Salz nach Geschmack
1 Schale Rinderbrühe
schwarzer Pfeffer
5 Schalen Wasser
1 grüne, in dünne Scheiben geschnittene Kochbanane
Chili oder Cayennepfeffer nach Geschmack
2 Esslöffel gemahlene, getrocknete Shrimps

Geben Sie das Ziegenfleisch gemeinsam mit allen Ingredienzien außer den Shrimps in einen tiefen Topf. Gießen Sie Wasser darüber und kochen Sie das Ganze ca 20 Minuten lang bei starker Hitze. Nun die Flamme zurückdrehen und das Fleisch fertiggaren. Die Kochbanane herausnehmen und pürieren. Geben Sie das Püree gemeinsam mit den Shrimps zurück in den Topf. Rühren Sie gut um. Noch etwas Wasser hinzufügen und die Suppe noch ca 5 Minuten auf kleiner Flamme weiterköcheln lassen. Sehr heiß servieren!

Als Ersatz für die getrockneten, gemahlenen Shrimps können Sie auch 100 g geräucherten, zerkleinerten Fisch verwenden.
Ein Tip: *Ziegen-Pfeffersuppe kann auch als Hauptgericht serviert werden, wenn Sie mehr Kochbananen verwenden und einige davon ganz oder halbiert in der Suppe lassen. Statt des Ziegenfleisches kann man auch Huhn, Ochsenschwanz oder Rindfleisch mit Knochen nehmen.*

Fisch-Pfeffersuppe

Kamerun – Für 4 Personen

1/2 kg frischer Fisch (am besten Makrele)
1 kleine Zwiebel
3-4 mittelgrosse Tomaten, gehackt
2 Esslöffel gemahlenes Njangsa
6 Schalen Wasser
2 zerkleinerte Rindsbrühwürfel
1 Esslöffel Tomatenmark
1/2 Teelöffel Knoblauchpulver
1 Teelöffel gemahlener frischer Ingwer
1 Teelöffel Chili (nicht zwingend)
1/3 Schale Pflanzenöl
1/2 Schale frische, gehackte Petersilie

Den Fisch ausnehmen und waschen. Schneiden Sie den Fisch in kleine Stücke und legen Sie ihn zur Seite. Die Zwiebel in Ringe schneiden. Die Tomate mit dem Njangsa-Gewürz vermischen. Geben Sie Wasser in einen Topf und rühren Sie das Tomaten-Njangsa-Gemisch ein. Auf großer Flamme zum Kochen bringen.
Nun auch die Zwiebel und alle anderen Zutaten, außer dem Fisch, in den Topf geben und bei kleiner Flamme ca 20 Minuten köcheln. Zuletzt wird der Fisch vorsichtig in den Topf gelegt. Kippen Sie den Topf leicht hin und her, damit die Fischstücke nicht durch Umrühren zerfallen. Lassen Sie die Suppe weitere 25 Minuten kochen.

Statt des Njangsa können Sie Gewürze Ihrer Wahl verwenden. Der Geschmack des Njangsa kann leider nicht nachgeahmt werden.

Frisches Tomatenragout

Für 6-8 Personen

1/4 Schale Palmöl
1 grosse gehackte Zwiebel
5 grosse, reife, kleingehackte Tomaten
1/2 Schale Wasser
1 Teelöffel gemahlener Ingwer
2 zerdrückte Knoblauchzehen
Salz und Pfeffer nach Geschmack
1 kg frischer, fester Fisch, in kleine Stücke zerteilt

Die Zwiebeln in erhitztem Öl goldbraun anrösten. Die Tomaten, den Ingwer und den Knoblauch darunterrühren. Lassen Sie die Zutaten etwa 10 Minuten köcheln und rühren Sie dabei ständig um. Mit Salz und Pfeffer würzen. Falls das Ragout zu dick sein sollte, geben Sie ruhig etwas Wasser dazu. Während das Gericht köchelt, wird der Fisch mit Salz und Pfeffer eingerieben und im Speiseöl ca 4 Minuten auf jeder Seite gebraten. Legen Sie den gebratenen Fisch in die Terrine oder Schüssel, in der Sie das Ragout servieren. Der Eintopf wird über die Fischstücke gegossen und heiß aufgetragen.

Statt des Palmöls können Sie jedes andere Pflanzenöl verwenden.

Tomaten-Stew

Für 6-8 Personen

1 kg in kleine Würfel geschnittenes, zartes Rindfleisch
3 Schalen Wasser
1 Schale Pflanzenöl
1 grosse, feingehackte Zwiebel
2-3 Esslöffel feingehackte Petersilie
4 Esslöffel Tomatenmark
5-6 frische Tomaten, kleingeschnitten
Salz nach Geschmack
3 Lorbeerblätter
1 Rindsbrühwürfel

Das Fleisch waschen und in 3 Schalen Wasser ca 40 Minuten lang kochen lassen, bis es weich ist. Stellen Sie das fertiggegarte Fleisch einstweilen beiseite. Das Öl erhitzen und die Zwiebeln ca 2 Minuten darin rösten.

Das Tomatenmark und die frischen, kleingeschnittenen Tomaten hinzufügen und die Mischung unter gelegentlichem Umrühren 5-10 Minuten köcheln lassen. Nun das Fleisch, die Brühe und die restlichen Zutaten dazugeben. Lassen Sie das Stew bei mittlerer Hitze so lange dünsten, bis sich an der Oberfläche Fettringe bilden. Servieren Sie dieses Gericht wie die Huhn-Erdnusssauce.

EIN TIP: *1. Gewürze oder Kräuter wie frischer Ingwer, Thymian, Muskatnuss, Rosmarin oder Lorbeerblätter können je nach persönlichem Geschmack beigegeben werden.*
2. Für Schmorgerichte mit frischem Fisch eignen sich Ingwer und Njangsa besonders gut. Für solche mit Huhn empfehle ich Muskatnuss und Rosmarin.

PILZRAGOUT

ZAIRE – FÜR 6-8 PERSONEN

3-4 Esslöffel Palmöl
1 kleine, feingehackte Zwiebel
2-3 frische, kleingeschnittene Tomaten
Salz und Pfeffer nach Geschmack
1 kg geputzte Pilze
1 1/2 - 2 Schalen Palmnuss-Fruchtfleisch
1 Rindsbrühwürfel
Chili (nicht zwingend)

Erhitzen Sie das Palmöl und geben Sie die Zwiebeln, die Tomaten, Salz und Pfeffer hinein. Die Zutaten sollen unter ständigem Umrühren ca 5 Minuten köcheln. Nun kommen die Pilze und das Palmnussfruchtfleisch dazu. Gut umrühren. Dünsten Sie das Ragout weitere 10 Minuten lang fertig.

EIN TIP: *Palmöl fängt bei zu großer Hitze an zu rauchen. Erhitzen Sie es sehr vorsichtig und lassen Sie es nicht allzu heiß werden.*

Gemüseragout

Für 6-8 Personen

1/2 Schale Palmöl (oder Pflanzenöl)
2 grosse, in Ringe geschnittene Zwiebeln
2 Esslöffel Tomatenmark
3 kleingeschnittene frische Tomaten
Salz und Chili nach Geschmack
1 Huhn, in kleinere Stücke zerteilt, vorgekocht
1/2 Schale Wasser
1/2 Schale Erbsen
1 Schale gewürfelte rohe Karotten
2 Esslöffel feingehackte Petersilie
1/2 Teelöffel Muskat

Rösten Sie die Zwiebeln im erhitzten Öl goldbraun an. Rühren Sie die Tomaten und das Tomatenmark ein und lassen Sie die Mischung 5 Minuten lang köcheln. Salzen und pfeffern. Die vorgekochten Hühnerstükke mit ihrer Brühe, sowie auch den Rest der Zutaten in den Topf geben. Gut umrühren und ca 10 Minuten bei mittlerer Hitze fertigdünsten.

Ein Tip: *Kochen Sie das Huhn mit ein oder zwei Lorbeerblättern und einer kleinen Zwiebel.*

Bohnensauce

Für 4-6 Personen

2 Schalen Bohnen
5-6 Schalen Wasser
1 feingehackte Zwiebel
Salz nach Geschmack
2 Esslöffel gemahlene, getrocknete Shrimps
1 Schale Palmöl
Chili (nicht zwingend)

Die Bohnen werden gewaschen und weichgekocht. Die Kochzeit wird abgekürzt, wenn Sie die Bohnen ein paar Stunden vor der Zubereitung in Wasser einweichen. Während des Kochvorgangs eventuell Wasser nachgießen. Die übrigen Zutaten werden nun hinzugefügt und bei kleiner Flamme fertiggekocht. Gut umrühren, sodass alle Ingredienzien sich gut vermischen können. Die Sauce wird mit Kochbananen oder Reis serviert.

Achu-Sauce

Ndza-Niki

Kamerun – Für 4-6 Personen

1/2 kg geräuchertes mageres Fleisch (Geselchtes, Kasseler oder Rindfleisch), das Sie vorher in Wasser einlegen
1 kg zartes Rindfleisch zum Dünsten
3-4 Schalen Brühe
Salz nach Geschmack
1 Teelöffel Ingwer
1/2 Teelöffel schwarzer Pfeffer
4 Esslöffel getrocknete Shrimps, gemahlen
1 Felom oder 3 Kieng, zerstossen (können auch weggelassen werden)
1-2 Schalen Palmöl
ca 1 Schale Niki
6 Schalen Wasser

Das geräucherte, kleingewürfelte Rindfleisch wird ca 30 Minuten lang gekocht, dann das frische gewürfelte Rindfleisch dazugegeben. Mit Salz, Ingwer und schwarzem Pfeffer würzen und das Fleisch weichkochen. Fügen Sie die Shrimps ca 3 Minuten vor Ende der Kochzeit hinzu. In einem anderen Topf wird die Hälfte des Palmöls mit ein wenig Niki vorsichtig verrührt, so dass eine dicke gelbe Paste entsteht. Den Rest des Niki und das übrige Palmöl dazugeben. Rühren Sie nun das Felom und/oder das Kieng unter. Das gekochte Rindfleisch wird gemeinsam mit der Brühe auf die Öl-Niki-Mischung gegossen. Vorsichtig umrühren. Falls die Sauce etwas zu sauer schmecken sollte, fügen Sie noch etwas Palmöl hinzu und verrühren Sie es gut mit den anderen Zutaten. Mit Achu servieren.

Variante: *Statt des Niki kann man auch 2 gestrichene Teelöffel Back-Soda in einer Schale kochendem Wasser auflösen.*

Durch das Niki ist diese Sauce mit keiner anderen vergleichbar. Die chemische Reaktion des Niki mit Palmöl erzeugt den besonderen Geschmack des Gerichts und verleiht ihm auch seine Konsistenz und seine Farbe.

Kohl-Egusi-Sauce

Kohl-Kürbiskern-Sauce

Für 6-8 Personen

1 kg in sehr kleine Würfel geschnittenes Rindfleisch zum Dünsten
4-5 Schalen Wasser
1/4 Schale Pflanzenöl
1 grosse, feingehackte Zwiebel
2 Esslöffel Tomatenmark
3 grosse frische Tomaten, in kleine Würfel geschnitten
2 Schalen fein gemahlene Kürbiskerne (am besten ungeröstet und geschält)
Salz nach Geschmack
2-3 Brühwürfel
3-4 Schalen feingeraspeltes Kraut (Weisskohl)

Das Rindfleisch in 4-5 Schalen Wasser weichkochen (Kochzeit: ca 40 Minuten, im Druckkochtopf 10-15 Min.) und beiseitestellen. Das Öl erhitzen und die Zwiebeln darin goldbraun rösten. Nun werden Tomatenmark, die zerkleinerten Tomaten und Salz zu den Zwiebeln gegeben und ca 10 Minuten lang unter ständigem Umrühren gedünstet. Das Fleisch, die Brühwürfel, die gemahlenen Egusi- bzw. Kürbiskerne, den Kohl (das Kraut) und die beim Kochen entstandene Rindsbrühe hinzufügen. Decken Sie nun den Topf zu und lassen Sie die Sauce bei mittlerer Hitze ca 15-20 Minuten fertigköcheln. Mit Reis, Kochbananen oder Yamswurzel servieren.

Huhn-Erdnuss-Sauce

Für 6-8 Personen

Eine in Westafrika überaus beliebte Sauce, die man durch Verwendung verschiedener Gemüsesorten in vielen Variationen servieren kann.

1 grosses, in Stücke zerteiltes Huhn
1/2 Schale Pflanzenöl
4 grosse, kleingeschnittene Tomaten
1 Schale kleingewürfelte Karotten
2 Schalen Wasser
1/2 Teelöffel Chili (nicht zwingend)
1 Schale gemahlene Erdnüsse (siehe Tips) oder 3 Esslöffel Erdnussbutter
1 grosse, feingehackte Zwiebel
1/2 Teelöffel Muskatnuss
3 Lorbeerblätter
Salz nach Geschmack

Die Hühnerstücke werden gewaschen und im erhitzten Öl mit allen anderen Zutaten angebraten. Wasser dazugießen, gut umrühren und bei mittlerer Hitze das Fleisch weichdünsten. Falls die Sauce zu fest werden sollte, gießen Sie Wasser dazu. Ist sie zu dünn, dann lassen Sie sie durch längeres Dünsten eindicken. Mit Reis, Kochbananen, Yamwurzeln, Fufu, Kassava, Cocoyams (Taro) oder anderen stärkehaltigen Beilagen servieren.

Fii mit Kürbiskern-Sauce

Für 6-8 Personen

1/4 Schale Pflanzen- oder Palmöl
1 grosse, feingehackte Zwiebel
2 Esslöffel Tomatenmark
1/2 kg geräucherter Fisch (siehe Tips)
2 Schalen fein gemahlene Kürbiskerne (ungeröstet und geschält)
Salz nach Geschmack
2 Teelöffel frischer zerstossener Ingwer
2 Rindsbrühwürfel
1/2 Teelöffel Chili

600-1000 g gerissenes Fii
ca 1 Schale Wasser

Das Öl wird in einer tiefen Pfanne oder einem Topf erhitzt, die Zwiebeln darin goldbraun angeröstet. Nun das Tomatenmark dazugeben und etwa 5 Minuten lang unter gelegentlichem Umrühren köcheln lassen. Fügen Sie den in kleine Stücke gerissenen Fisch, die Kürbiskerne, Salz, Ingwer, Brühwürfel, Chili und das Fii bei. Wasser nachgießen, zudecken und ca 10-15 Minuten köcheln lassen, wobei immer wieder umgerührt werden muss, damit die Sauce nicht anbrennt. Mit Fufu, gekochtem Yams oder Kartoffeln servieren.

Folgende Zutaten können ersetzt werden: *Nehmen Sie statt des Tomatenmarks 2 oder 3 frische Tomaten. Das Fii kann durch frischen oder tiefgefrorenen Spinat ersetzt werden.*

Ein Tip: *Es kann auch anderes Gemüse für die Zubereitung dieser Sauce verwendet werden: Kürbisblätter, bitter leaves, Kraut (Weißkohl) oder Ngamangama. Wenn Sie die Sauce mit sehr wenig Wasser machen, können Sie ihre Konsistenz zu einem Fii-Egusi-Kuchen bzw., wie die SteirerInnen sagen würden, zu einem Sterz verändern.*

Auberginen-Okra-Sauce

Togo – Für 6-8 Personen

1/2 kg geräucherter Fisch (vorher wässern und in kleine Stücke reissen) (siehe Tips)
1/2 Schale Palmöl
1 grosse, feingehackte Zwiebel
2 Rindsbrühwürfel
1 grosse geschälte und gewürfelte Aubergine
1 Teelöffel frisch gemahlener Ingwer
Salz nach Geschmack
1 Teelöffel Chili (nach Wunsch)
1 1/2 Schalen kleingeschnittene, frische Okraschoten
1-2 Schalen Wasser

Die Zwiebel mit der Tomate im erhitzten Öl 2 Minuten andünsten. Die übrigen Zutaten und den vorbereiteten Räucherfisch in die Mischung rühren, die Pfanne halb zudecken und bei mäßiger Hitze ca 20-25 Minuten köcheln lassen.

Eine Variante: *Statt Räucherfisch können Huhn oder Rindfleisch verwendet werden.*

....

Kürbiskern-Sauce mit getrockneten grünen Bohnen

Nigeria – Für 6-8 Personen

1 kg zartes Rindfleisch zum Dünsten
1/4 kg geräucherter Fisch (siehe Tips)
5-6 Schalen Wasser
Salz nach Geschmack
1/3 Schale Palmöl
2-3 Schalen getrocknete Fisolen (grüne Bohnen)
1 grosse pürierte Zwiebel
1 Teelöffel Chili (nicht zwingend)
1 1/2 Schalen fein gemahlene Kürbiskerne (ungeröstet und geschält)
1/4 Schale gemahlene, getrocknete Shrimps (nicht zwingend)

Das Rindfleisch wird klein gewürfelt und mit dem geräucherten Fisch und Salz ca 40 Minuten lang gekocht. Fügen Sie dann das Palmöl, die grünen Bohnen (die Fisolen), die pürierte Zwiebel, Pfeffer und einen Teelöffel Bohnenpaste hinzu. Gut umrühren und auf kleiner Flamme köcheln lassen. In der Zwischenzeit werden die Kürbiskerne in einer Schüssel zu einer feinen Paste verrührt, bis das Öl austritt. Drehen Sie nun die Flamme unter dem Topf größer. Die Egusipaste wird der kochenden Sauce mit einem Teelöffel in kleinen Portionen beigefügt. 10 Minuten kochen lassen. Zuletzt die Shrimps vorsichtig unterrühren und weitere 5 Minuten köcheln lassen. Falls die Sauce zu dick geworden ist, etwas Wasser nachgießen. Mit Fufu oder gekochtem Gari servieren.

Ersetzen Sie bei Bedarf: *die getrockneten grünen Bohnen durch frische grüne Bohnen oder durch ein Blattgemüse Ihrer Wahl.*

Eine Variante: *Sie können der Sauce frische, pürierte Tomaten oder Tomatenmark hinzufügen. Die Sauce kann auch ohne Fleisch und Räucherfisch zubereitet werden.*

Okworokwo- und Ogbono-Sauce

Sauce mit getrocknetem Stockfisch

Nigeria – Für 4-6 Personen

1/2 kg zerkleinerter und eingeweichter Stockfisch (siehe Tips)
1/2 kg in kleine Stücke zerteiltes Rindfleisch (zart und zum Dünsten geeignet)
3 Schalen Wasser
2 Esslöffel Pflanzenöl
1 kleine, feingehackte Zwiebel
2 Esslöffel Tomatenmark
Salz nach Geschmack
Chili (nicht zwingend)
1-2 Schalen grobgehackter Spinat
4 Esslöffel feingemahlenes Ogbono
3 Esslöffel getrocknete Shrimps, gemahlen

Der Stockfisch wird ca 20 Minuten gekocht. Das Rindfleisch beifügen und weiterkochen lassen, bis das Fleisch weich ist. Stellen Sie den Topf beiseite. Die Zwiebel wird mit Salz und Pfeffer im erhitzten Öl 5 Minuten geröstet, anschließend das Tomatenmark eingerührt. Gelegentlich umrühren! Nun werden das Fleisch und der Fisch, sowie Gemüse und Fleischsaft zur Zwiebel gegeben, Ogbono und Shrimps eingerührt und die Sauce 10-15 Minuten lang unter ständigem Rühren fertiggekocht. Wenn nötig weiteres Wasser hinzugießen. Mit Gari oder Fufu anrichten.

Eru-Sauce

Kamerun – Für 6-8 Personen

1 kg kleingehacktes Eru
1 kg in kleine Würfel geschnittenes, zartes Rindfleisch
300 g grobgehackte Wasserkresse
1 Schale Palmöl
2 kleine, entgrätete geräucherte Fische (siehe Tips)
1/4 Schale gemahlene, getrocknete Shrimps
Chili (nach Wunsch)
Salz nach Geschmack
ca 2 Schalen Wasser

......

Der Räucherfisch sollte 10 Minuten in kaltem Wasser eingelegt, dann entgrätet werden. Das Rindfleisch ca 40 Minuten lang kochen lassen, es sollte noch nicht ganz gar sein, wenn die anderen Zutaten hinzukommen. Nun den Fisch und alle übrigen Ingredienzien außer dem Palmöl zum Fleisch geben. Gut umrühren und unter ständigem Weiterrühren weiterkochen lassen, bis das Gemüse weich und fast kein Wasser mehr übrig ist. Zuletzt das Öl einrühren und weitere 10 Minuten köcheln lassen. Das Gericht wird mit gekochtem oder zerstampftem Fufu serviert.

Sie können die Wasserblätter durch colocasia cocoyams ersetzen, wenn Sie die Kochzeit um 30 Minuten verlängern. Für eine andere Variante dieser Sauce verwenden Sie einfach eine Art von Salat. Erublätter sind sehr zäh, daher empfiehlt es sich, eine kleine Menge anderes, weicheres Blattgemüse mit dem Eru mitzukochen. Ursprünglich eine Spezialität des Südens von Kamerun, ist Eru heute in den Küchen des ganzen Landes zu einer der wichtigsten Gemüsesorten geworden. Wie Achu wird es auch regelmäßig bei festlichen Gelegenheiten gereicht.

Fisch-Erdnuss-Sauce

Senegal – Für 6-8 Personen

1 Krautkopf (Weisskohl), ca 500 g
1 kg frischer Fisch, in grössere Stücke geschnitten
200 g gemahlene Erdnüsse (siehe Tips)
1 Schale gerissener getrockneter Räucherfisch (siehe Tips)
2 grosse, feingehackte Zwiebeln
Salz nach Geschmack
1/2 Teelöffel Chilipulver

Das Kraut waschen und in ca 2 Schalen Wasser mit etwas Salz eine Stunde lang kochen. Die Fischstücke und den zerkleinerten Räucherfisch in einem anderen Topf mit 3 Schalen Wasser zum Kochen bringen und 20 Minuten garen. Die gemahlenen Erdnüsse, die Zwiebeln, Chili und Salz zum Fisch hinzufügen und umrühren. Das gekochte Kraut wird nun grob gehackt und der Fischsauce beigemengt. Die Sauce soll noch 15-20 Minuten lang fertigköcheln, wobei Sie gern ein bisschen Wasser nachgießen können, falls sie zu dick werden sollte. Mit Couscous oder Reis servieren.

Fischsauce

Kamerun – Für 4-6 Personen

1 1/2 kg frischer Fisch: Makrele oder Forelle
1 grosse, feingehackte Zwiebel
1/2 Dose Tomatenmark
3 Esslöffel feingehackte Petersilie
2 Esslöffel gemahlene Mbongo-Samen
2 frische Tomaten
1 oder 2 Baumtomaten
1/2 Schale Pflanzenöl
2 Lorbeerblätter
Salz nach Geschmack
Chili (nach Wunsch)
1 Brühwürfel

Den Fisch von Innereien und Schuppen befreien und in große Stücke schneiden. Waschen Sie die Fischstücke gut; den Fisch ca 10 Minuten kochen lassen, dann entgräten und beiseitestellen. Pürieren Sie die Zwiebel, die Tomaten, die Petersilie, die Mbongo-Samen und das Fleisch der Baumtomaten miteinander und rösten sie die Mischung im erhitzten Öl an. Mit Lorbeerblättern, Salz, Pfeffer und den Brühwürfeln würzen, gut umrühren und auf kleiner Flamme 10-15 Minuten köcheln lassen. Zuletzt werden die Fischstücke zur Sauce gegeben und ca 10 weitere Minuten bei kleiner Hitze darin gedünstet. Dazu serviert man Reis.

Sie können folgende Zutaten ersetzen: *Verwenden Sie statt der Mbongo-Samen andere Gewürzmischungen Ihrer Wahl. Der Geschmack des Mbongo kann leider nicht nachgeahmt werden. Statt der Baumtomaten kann man auch frische Tomaten verwenden.*
Ein Tip: *Wenn Sie Fischfilets nehmen, ersparen Sie sich das Vorkochen. Sie können die Filets direkt mit der Sauce mitdünsten.*

Frischmais-Sauce

Kamerun – Für 6-8 Personen

500 g geräucherter Fisch (siehe Tips)
500 g in kleine Würfel geschnittenes, zartes Rindfleisch
2 Esslöffel feingemahlene, getrocknete Shrimps
Salz nach Geschmack
4-5 Schalen Wasser
1 kg Kürbisblätter
3-4 Schalen zerstampfter frischer Mais
1 zerstossener Brühwürfel
Chili (nach Wunsch)
1/4 Schale Palmöl

Der geräucherte Fisch wird 10-15 Minuten lang in warmem Wasser entsalzt. Das Rindfleisch ca 40 Minuten lang, bzw. bis es gar ist, kochen. Der Fisch wird nun aus der Lauge herausgenommen und gemeinsam mit den anderen Zutaten zum Fleisch gegeben. Umrühren und ca 10-15 Minuten fertigköcheln lassen. Diese Sauce wird mit gekochtem oder zerstampftem Fufu serviert.

Sauce aus frischen Erdnüssen

Kamerun – Für 6-8 Personen

Dieses Gericht wird vor allem zur Erntezeit gereicht. Man bereitet es dann mit den ganz frischen Erdnüssen zu.

1 kg in kleine Würfel geschnittenes Rindfleisch, zum Dünsten geeignet
3 Schalen Wasser
1/2 Schale Palmöl
1 grosse, feingehackte Zwiebel
4 grosse, kleingewürfelte Tomaten
Salz nach Geschmack
1/2 Teelöffel Chili
2 Schalen gewaschenes, zerhacktes Njamanjama
3 Schalen frische, geschälte und gemahlene Erdnüsse (siehe Tips)
1 Brühwürfel
2 Esslöffel gemahlene, getrocknete Shrimps

Das Fleisch weichkochen und beiseitestellen. Die Zwiebel im Öl goldbraun anrösten, die Tomaten, Salz, Pfeffer und das Njamanjama, sowie auch das Fleisch mit seiner Brühe zur Zwiebel geben. Die Sauce muß jetzt unter ständigem Umrühren 5 Minuten dünsten. Drehen Sie nun die Flamme kleiner und mischen Sie die Erdnüsse, den Brühwürfel und das Chili darunter. Die Sauce weitere 15 Minuten köcheln lassen und knapp vor dem Servieren die Shrimps beimengen. Mit Kochbananen oder gekochten Yams servieren.

Statt der frischen Erdnüsse können 1 1/2 Schalen ungesalzene, sonnengetrocknete Erdnüsse genommen werden, die man vorher ca 1 1/2 Stunden lang in kaltem Wasser einweichen muss. Nach dem Wässern werden die Erdnüsse püriert.

Auberginen-Sauce

Kamerun – Für 4-6 Personen

1 kg Baby-Auberginen
1/2 kg in kleine Würfel geschnittenes Rindfleisch (nicht zwingend)
2-3 Schalen Wasser
Chili (nicht zwingend)
2 Esslöffel fein gemahlene, getrocknete Shrimps
1/3 Schale Palmöl
Salz nach Geschmack

Kochen Sie die Auberginen etwa 10-15 Minuten, bis sie weich sind, dann beiseite stellen. Auch das Rindfleisch in ca 2-3 Schalen Wasser kochen. Wenn es gar ist, nehmen Sie einen Teil der Fleischbrühe beiseite. Im Topf soll mit dem Fleisch noch etwa 1 Schale Brühe zurückbleiben. Die Auberginen werden nun gemeinsam mit der herausgenommenen Brühe püriert und mit Chili, Shrimps, Palmöl und Salz zum Fleisch hinzugefügt. Umrühren und 5 Minuten köcheln lassen. Mit Kochbananen, Yams oder anderen stärkehaltigen Knollenfrüchten servieren.

Erdnuss-Sauce mit Okra

Für 6-8 Personen

1 kg Hühnerfleisch, in 8 bis 10 Stücke zerteilt
1 mittlere, feingehackte Zwiebel
5 grosse Okraschoten, kleingehackt (siehe Tips)
3 Schalen Wasser
4 Esslöffel Erdnuss-Paste
1 frische Tomate, kleingewürfelt
1 Hühnerbrühwürfel
Salz nach Geschmack

Das Hühnerfleisch waschen, mit 3 Schalen Wasser, der Zwiebel und den Okraschoten zum Kochen bringen. Vermischen Sie die Erdnusspaste und die zerkleinerte Tomate, fügen Sie ein wenig Wasser hinzu. Diese Mischung kommt zum Huhn dazu. Das Ganze mit Salz und den anderen Gewürzen abschmecken, umrühren und zum Kochen bringen. Lassen Sie die Sauce nach dem ersten Aufwallen bei kleiner Hitze 30 Minuten köcheln, rühren Sie gelegentlich um und gießen Sie bei Bedarf Wasser nach. Mit Fufu, Banku oder einem anderen dicken Getreidebrei servieren.

Sie können statt des Huhns auch Rindfleisch, Schweinefleisch, Fisch oder irgendeine andere Fleischsorte verwenden.
Statt der Erdnuss-Paste kann Erdnussbutter verwendet werden.

Njangsa-Tomatensauce

Kamerun – Für 6-8 Personen

2-3 Esslöffel Pflanzenöl
1 kg Spareribs, in einzelne Rippchen zerteilt
4 Esslöffel Tomatenmark
1 feingehackte Zwiebel
Salz nach Geschmack
2 Schalen Wasser
je ein Teelöffel Ingwer-, Knoblauch- und Selleriepulver
1/4 Teelöffel gemahlenes Lorbeerblatt oder 2 ganze Lorbeerblätter
1 Schale püriertes Njangsa oder Njangsa in Pulverform

Die Rippchen werden im erhitzten Öl braungebraten. Dann kommen alle anderen Zutaten zum Fleisch. Gut umrühren, den Topf zudecken und bei mittlerer Hitze ca 10-15 Minuten lang dünsten. Mit Reis servieren.

Egusi-Sauce

Für 6-8 Personen

1 kg kleingewürfeltes, zartes Rindfleisch (siehe Tips)
4-5 Schalen Wasser
2 grosse, feingehackte Zwiebeln
Salz nach Geschmack
1/2 Schale Pflanzen- oder Palmöl
3 frische, kleingewürfelte Tomaten
2 Esslöffel Tomatenmark
1 1/2 Schalen ungeröstete, geschälte Kürbiskerne, sehr fein gemahlen
1/4 Schale getrocknete Shrimps
1/2 Teelöffel Chili (nach Wunsch)
3 Lorbeerblätter

Das Rindfleisch wird gewaschen und mit dem Wasser und Salz in einem Topf zum Kochen aufgesetzt. Es sollte weich sein (Kochzeit etwa 45 Minuten oder 10 Minuten im Druckkochtopf), bevor Sie es beiseitestellen. Erhitzen Sie das Öl (falls Sie Palmöl benutzen, muss es länger erhitzt werden, bis die rote Farbe verschwindet), geben Sie Zwiebeln, Tomaten und Tomatenmark dazu. Ca 10 Minuten bei mittlerer Hitze dünsten lassen. Das Rindfleisch mit ca 2 Schalen seiner Brühe hinzufügen, zum Kochen bringen und dann Kürbiskerne, Shrimps, Chili und Lorbeer dazurühren. Die Sauce sollte noch 10 Minuten weiterköcheln und in derselben Art wie die Huhn-Erdnuss-Sauce angerichtet werden.

Variationen: *Man kann die Sauce mit geräuchertem Fisch anreichern.* Kürbiskern-Okra-Sauce: *Nehmen Sie 1 Schale weniger Kürbiskerne, dafür 1 1/2 Schalen feingehackte Okraschoten, die Sie 10 Minuten vor dem Servieren mit den anderen Zutaten mitdünsten lassen.*

Sauce mit verschiedenen Fleischsorten und Okra

Für 6-8 Personen

1/2 kg Schweinsfüsse, gereinigt und geviertelt
1/2 kg Rindfleisch mit Knochen
Mindestens 4-5 Schalen Wasser
1/2 grosses Huhn, zerteilt
1/2 kg geräucherter Fisch (siehe Tips)
1/4 Schale Pflanzenöl
2 Teelöffel Tomatenmark oder 1 frische, kleingewürfelte Tomate
Salz nach Geschmack
Chili (nach Wunsch)
1 kg Okra zerkleinert und zerstampft (siehe Tips)
1 Brühwürfel
2 Esslöffel gemahlene, getrocknete Shrimps (nach Wunsch)

Die Schweinsfüße werden gemeinsam mit dem Rindfleisch und den Rindsknochen in mindestens 4-5 Schalen Wasser gekocht. Nach etwa 1 Stunde kommen Huhn und Fisch dazu. Weitere 15 Minuten kochen lassen. Nun das Öl, das Tomatenmark, Salz und Pfeffer in den Topf geben. Rühren Sie auch das Okra ein, gießen Sie etwas Wasser nach, falls die Sauce bereits zu dick ist. Zuletzt werden der Brühwürfel und die Shrimps dazugestreut und mit allen anderen Zutaten 10 weitere Minuten lang fertiggegart. Mit Fufu oder Gari anrichten.

Ein Tip: *Diese Sauce kann einige Tage im Voraus zubereitet und im Kühlschrank bis zu 4 Tagen aufbewahrt werden.*

Ngombo-Sauce

Äquatorial Guinea – Für 4 Personen

1 kg Huhn, tranchiert
1/4 Schale Pflanzenöl
4 Esslöffel pürierte Zwiebel
2 Esslöffel Tomatenmark
2 Schalen Wasser
2 Esslöffel Njangsa

1 Esslöffel feingemahlenes Bohnenkraut
1 Teelöffel feingemahlenes Akob
1/4 Teelöffel schwarzer Pfeffer
Salz nach Geschmack

Die Haut von den Hühnerstücken entfernen, das Fleisch 10-15 Minuten kochen, danach im erhitzten Öl braun anbraten, aus der Pfanne nehmen und beiseitestellen. Nun kommen die pürierte Zwiebel und das Tomatenmark in die Pfanne, die Hühnerstücke werden daraufgelegt und ein paarmal in der Gemüsepaste gewendet. Die übrigen Zutaten hinzufügen und mit etwas Wasser 10 weitere Minuten dünsten. Mit Reis oder Kartoffeln servieren.

Nku-Sauce

Kamerun – Für 4-6 Personen

3 Schalen Wasser
1/2 kg zartes, zum Dünsten geeignetes, Rindfleisch
3 Esslöffel gemahlene, getrocknete Shrimps
Salz nach Geschmack
Chili (nach Wunsch)
3 Nku-Stangen (jede ca 30 cm lang)

Das Fleisch wird weichgekocht, dann Shrimps, Salz und Pfeffer zugegeben. Die Nku-Stangen werden in einem anderen Topf gekocht und dann zum Abkühlen beiseitegestellt. Nach dem Abkühlen werden sie geschält, und die Schalen kommen in eine Schüssel mit etwa 2 Schalen Wasser. Die klebrige Flüssigkeit soll aus den Nku-Schalen herausgedrückt und in die Fleischbrühe gemischt werden. Sehr gut verrühren und mit Mais-Fufu servieren.

Statt der Nku-Stangen kann man 1 Schale püriertes Okra verwenden.

Ein Tip: *Man kann diese Sauce variieren, indem man eine kleine Menge gekochtes Blattgemüse wie Spinat dazumischt.*

Ogbono-Sauce

Kamerun – Für 4-6 Personen

1/4 kg Rindsknochen
1 kg zartes Rindfleisch, in kleinere Stücke zerteilt
2 kleingeschnittene Tomaten
1 feingehackte Zwiebel
1 Teelöffel Ingwer
3/4 Schale Pflanzenöl
1 mittlere, in Ringe geschnittene Zwiebel
2 Schalen mit geräucherten Fischstücken (siehe Tips)
1 Esslöffel Tomatenmark
1/2 Schale gemahlenes Ogbono
Salz nach Geschmack
2 – 2 1/2 Schalen Wasser

Die Rinderknochen ca 40 Minuten kochen, dann das Fleisch, die Tomaten, die Zwiebelringe, Ingwer und ein wenig Salz weitere 20 Minuten mitkochen. Die Brühe abgießen und beiseitestellen.
Nun wird das Öl erhitzt und die feingehackte Zwiebel darin goldbraun geröstet, wieder aus der Pfanne genommen und beiseitegestellt. Im verbleibenden Öl werden die Rindsknochen, das Fleisch und der Räucherfisch braun gebraten. Tomatenmark und die vorgeröstete Zwiebel dazugeben und das Ogbono einrühren. Zuletzt die Rindsbrühe dazugießen, gut umrühren und nach Geschmack salzen. Gießen Sie Wasser nach, falls die Sauce zu dick werden sollte. Mit gekochtem Gari, Yams oder Fufu servieren.

Statt des Ogbono können Sie 1 Schale getrocknetes, gemahlenes oder gestoßenes Okra verwenden.

Okra-Sauce

Ghana – Für 6-8 Personen

2 grosse Auberginen, in Würfel geschnitten
500 g feingehackte Okraschoten (siehe Tips)
1 kg in kleine Würfel geschnittenes, zartes Rindfleisch
3-4 Schalen Wasser
1/2 Schale Palm- oder Pflanzenöl
1 grosse, feingehackte Zwiebel

3 feingehackte Tomaten
1 kleiner, entgräteter Räucherfisch (siehe Tips)
Salz nach Geschmack
Chili (nicht zwingend)
3 Esslöffel gemahlene, getrocknete Shrimps

Die Auberginen und die Okraschoten in ein wenig Wasser ca 10 Minuten kochen, Wasser abgießen und das Gemüse zur Seite stellen. Das Rindfleisch in der oben angegebenen Menge Wasser weichkochen. Erhitzen Sie in einem anderen Topf das Öl, und dünsten Sie darin Zwiebel und Tomaten unter ständigem Umrühren ca 5 Minuten lang. Das Fleisch, den Räucherfisch, Salz, Pfeffer, die Rindsbrühe, die Shrimps und das Gemüse zu den Zwiebeln und Tomaten geben und gut umrühren. Die Sauce soll noch 10 Minuten weiterköcheln, dann mit Fufu servieren.

Ein Tip: *Den Topf mit den Okraschoten nicht zudecken, sonst wird das Okra weniger sämig.*

Papaya-Sauce

Kamerun – Für 4-6 Personen

1 kg grüne Papaya
1/2 Schale Pflanzenöl
Salz nach Geschmack
1 grosse, feingehackte Zwiebel
4 kleine frische Tomaten, in kleine Stücke geschnitten
2 Esslöffel Tomatenmark
1/4 Schale getrocknete Shrimps

Die Papaya werden in Hälften zerteilt, entkernt, dann geschält und in kleine Würfel geschnitten. Öl erhitzen, Salz, Zwiebel und die Tomaten ins heiße Öl geben und 10 Minuten dünsten. Dann die Papaya-Würfel, das Tomatenmark und die Shrimps hinzufügen und die Sauce weiterköcheln lassen, bis die Papaya weich sind. Zerdrücken Sie die Zutaten vorsichtig und servieren Sie die Sauce mit Reis oder Kochbananen.

Abenkwain
Palmnuss-Sauce

Ghana – Für 6-8 Personen

1 kg in kleine Würfel geschnittenes, zartes Rindfleisch
Salz nach Geschmack
Chili (nach Wunsch)
1 grosse, feingehackte Zwiebel
2 grosse, in kleine Stücke geschnittene Tomaten
3-4 Schalen Wasser
400 g geräucherter Fisch nach Wunsch (siehe Tips)
1 Brühwürfel
500 g Palmnuss-Fruchtfleisch in Dosen
(gibt es auch unter dem Namen Palmnuss-Creme)

Das Rindfleisch waschen und in einen großen Topf legen. Salz, Pfeffer, die Zwiebel, Tomaten und Wasser dazugeben. Decken Sie den Topf zu und kochen Sie die Zutaten ca 30-40 Minuten lang. Danach werden der Räucherfisch, der zerstoßene Brühwürfel, das Chili und das Palmnuss-Fruchtfleisch beigegeben. Gut umrühren, die Hitze reduzieren und bei kleiner Flamme weitere 10-15 Minuten köcheln lassen, bis das Rindfleisch wirklich weich ist. Falls die Sauce zu dick werden sollte, gießen Sie Wasser nach. Mit Banku oder Fufu servieren.

Ein Tip: *Das Fruchtfleisch der Palmnuss gewinnt man, indem man die frischen Palmnüsse kocht und dann in einem Mörser zerstampft. Den Brei in eine Schüssel geben, ein wenig Wasser dazugießen und gut kneten bzw. stampfen, sodass das Fruchtfleisch sich von den Kernen und Fasern löst. Kneten und pressen, um das Mark ganz herauszulösen.*

Papaya-Erdnussbutter-Sauce

Nigeria – Für 4-6 Personen

4-5 Schalen Wasser
Salz nach Geschmack
1 Teelöffel Chili
1/4 Schale Palmöl
2 Schalen zerstampfte Erdnüsse (siehe Tips)
1 Brühwürfel (Rind oder Huhn)

3 Schalen getrocknete Papaya, grobgehackt bzw. geraspelt

Wasser und Öl werden gemeinsam in einem Topf zum Kochen gebracht. Alle Zutaten vermischen und in das kochende Ölwasser einrühren. Bei kleinerer Hitze 15-20 Minuten garen.

Statt der Papaya können Sie getrocknete, grobgeraspelte Zucchini, frische, geraspelte Papaya oder in Scheiben geschnittene getrocknete Okra verwenden.

Njamanjama-Blätter country style

Kamerun – Für 6-8 Personen

Njamanjama ist ein in Kamerun überaus beliebtes Gemüse, das in drei verschiedenen Sorten vorkommt. Es wird als Hauptgericht und als Zwischengericht serviert.

2 kg Njamanjama-Blätter, geputzt und gewaschen
1 Schale Wasser
Salz nach Geschmack
Gemahlene, getrocknete Shrimps als Gewürz (nicht zwingend)
1/2 Schale Palmöl
Chili (nicht zwingend)

Die sehr gut gereinigten Blätter werden in Wasser ca 10-15 Minuten lang gekocht, dann zum Auskühlen weggestellt. Danach das Wasser abgießen und die Blätter durch Pressen vom Restwasser befreien. Das Gemüse wird nun mit Salz, Shrimps, Palmöl und Pfeffer auf kleiner Flamme erwärmt, bis das Palmöl flüssig wird. Unter ständigem Umrühren ca 5 Minuten fertigköcheln.

Ein Tip: *Diese Zubereitung eignet sich auch sehr gut für anderes Gemüse wie Wagu (Blätter von schwarzäugigen Bohnen), bitter leaves, Fii oder Spinat.*

Erdnussbutter-Sauce

Kamerun – Für 6-8 Personen

2 Esslöffel Pflanzenöl
1 mittlere, pürierte Zwiebel
2 Esslöffel Tomarenpaste
2 Schalen Hühnerbrühe
1 Schale Erdnussbutter
Salz nach Geschmack
1/2 Teelöffel schwarzer Pfeffer

Öl erhitzen, Zwiebel und Tomatenmark dazugeben. Gut umrühren und die Brühe, die Erdnussbutter sowie auch die restlichen Zutaten dazumischen. Nochmals umrühren und den Topf zudecken. Die Sauce soll 10-15 Minuten köcheln, bevor sie mit Reis serviert wird.

Süsskartoffelblätter mit Okrasauce

Guinea – Für 6-8 Personen

500 g gehackte Blätter von frischen Süsskartoffeln
1/4 Schale Pflanzenöl
2 Teelöffel frischer, gemahlener Ingwer
1 grosse, feingehackte Zwiebel
1 kg Rindfleisch, in kleine Würfel geschnitten und vorgekocht
1 – 1 1/2 Schalen Rindsbrühe
3 zerdrückte Knoblauchzehen
2 Esslöffel Tomatenmark
Salz nach Geschmack
1/4 Schale Palmöl
1 Schale feingehacktes Okra

Falls Sie getrocknete Süßkartoffelblätter verwenden, legen Sie sie 20 Minuten lang in kaltes Wasser ein, gießen Sie dann das Wasser weg und stellen Sie die Blätter zur Seite. Öl wird in einer Pfanne erhitzt, dann werden Ingwer und Zwiebel goldbraun darin angeröstet. Rindfleisch, Knoblauch und Tomatenmark dazurühren und etwa 10 Minuten köcheln lassen. Salzen und Palmöl, die Kartoffelblätter, Okra und die Rindsbrühe beimengen. Gut umrühren und weitere 15-20 Minuten köcheln lassen. Die Sauce wird mit gekochtem Reis serviert.

Dünne Okrasauce

Für 4-6 Personen

1 Schale gekochtes Räucherfleisch vom Rind (siehe Tips)
Chili (nicht zwingend)
1 kg zartes Rindfleisch, in kleine Würfel geschnitten und vorgekocht
1/2 kg frische Okraschoten, gewaschen und in dünne Scheiben geschnitten
4-5 Schalen Wasser
2 Esslöffel getrocknete Shrimps, gut zerstossen
Salz nach Geschmack

Alle Zutaten werden zusammen mit der Rindsbrühe vom gekochten Fleisch in einen großen Topf gegeben und bei mittlerer Hitze ca 15-20 Minuten gekocht. Falls nötig, gießen Sie Wasser nach. Rühren Sie gelegentlich um, damit die Sauce nicht anbrennt. Mit Fufu oder Gari servieren.

Statt Räucherfleisch können Sie frischen Fisch verwenden.

Yam-Sauce mit Gari

Nigeria – Für 6-8 Personen

1 kg kleingewürfeltes, zartes Rindfleisch zum Dünsten
1/2 Teelöffel Chili (nicht zwingend)
Salz nach Geschmack
1 Brühwürfel
4-5 Schalen Wasser
2 Esslöffel feingemahlene, getrocknete Shrimps
500 g geraspelte weisse Yamwurzel

Das Rindfleisch im erhitzten Öl anbraten und mit Pfeffer, Salz, Brühwürfel und Wasser 20 Minuten lang bei großer Hitze dünsten. Dann die Hitze reduzieren und das Fleisch weichkochen lassen (ca 40 Minuten Kochzeit). Nun die Shrimps einrühren.
Die geraspelte Yamwurzel wird mit etwas Salz vermischt und mit einem Teelöffel in kleinen Portionen in die noch köchelnde Suppe eingelegt. Weitere 15-20 Minuten köcheln lassen. Um die Sauce etwas dicker zu machen, können 2 oder 3 Yambällchen püriert werden. Mit Gari servieren.

Anchia mit Shrimps

Togo, Kamerun – Für 6-8 Personen

1 1/2 kg geraspeltes Anchia
1/2 Schale Palmöl oder ein anderes Pflanzenöl
1 grosse, feingehackte Zwiebel
2 Esslöffel gemahlene, getrocknete Shrimps
Salz nach Geschmack
1 Teelöffel Chilipulver (nicht zwingend)
500 g ganze Shrimps bzw. Garnelen

Waschen Sie das Anchia und lassen Sie es mit sehr wenig Wasser 10 Minuten lang dünsten. Nun wird es beiseitegestellt. In einem großen Topf wird Öl erhitzt und die Zwiebel darin goldbraun geröstet. Die übrigen Zutaten, außer dem Anchia, dazurühren und 5 Minuten köcheln lassen; gelegentlich umrühren. Zuletzt das Anchia hinzufügen und gut unterrühren. Mit Yams, Kochbanane oder Reis servieren.

Statt Anchia können Spinat oder Fii verwendet werden.

Kassava-Blätter

Zaire – Für 6-8 Personen

2 kg frische Kassava-Blätter
1/2-1 Schale Palmöl
1 feingehackte Zwiebel
Salz nach Geschmack
Chili (nicht zwingend)
1 Rinds- oder Hühnerbrühwürfel

Die Kassava-Blätter werden geputzt und gewaschen und etwa 10 Minuten lang in wenig Wasser gekocht. Das Wasser abgießen und die Blätter in einem Mörser zerstampfen oder mit einem scharfen Messer oder in der Küchenmaschine fein zerhacken. Im erhitzten Öl werden nun die Zwiebeln goldbraun geröstet, mit Salz, Pfeffer, dem Brühwürfel gewürzt und dann mit den zerkleinerten Kassava-Blättern vermischt. Weitere 10 Minuten köcheln lassen und warm mit Fufu anrichten.

Pondu, Sombe oder Sakasaka

Kassava-Blätter mit Baby-Auberginen

Zaire – Für 6-8 Personen

1 kg blanchierte, frische oder tiefgefrorene Kassava-Blätter
1 grosse, feingehackte Zwiebel
4 zerdrückte Knoblauchzehen
2 feingehackte Lauchstangen
1 Schale Palmöl
4-6 Baby-Auberginen oder 1 mittlere Aubergine, feingehackt
Salz nach Geschmack
1-2 Schalen Wasser

Alle Zutaten kommen in einen großen Topf. Zudecken und auf kleiner Flamme ca 40-50 Minuten dünsten lassen. Mit Fufu oder Kumkum anrichten.

Fii mit Räucherfisch

Kamerun – Für 6-8 Personen

2 kg frisches Fii, geputzt, gewaschen und geraspelt
1 Schale Palmöl (oder Pflanzenöl)
1 grosse, feingehackte Zwiebel
3 frische, kleingehackte Tomaten
Salz und Pfeffer nach Geschmack
1 kg Räucherfisch (siehe Tips)
1-2 Schalen Wasser
3 Esslöffel gemahlene, getrocknete Shrimps

Den Räucherfisch in warmem Wasser ca 10-15 Minuten lang einweichen. Entgräten, in kleine Stücke reißen und beiseitestellen. Das vorbereitete Fii blanchieren, das Wasser abgießen und beiseitestellen. Das Palmöl so lange erhitzen, bis es eine helle Farbe annimmt, dann die Zwiebeln, das Wasser, die Tomaten, Salz und Pfeffer dazurühren. Gut umrühren und ca 10 Minuten köcheln lassen. Nun wird der Fisch hinzugefügt und nach weiteren 10 Minuten das Fii. Die Zutaten gut vermischen und auf kleiner Flamme ca 10-15 Minuten bzw. bis die Zutaten weich sind, fertigköcheln lassen. Damit das Gemüse nicht anbrennt, gießen Sie in kleinen Raten Wasser nach. Die gemahlenen Shrimps werden erst kurz vor dem Servieren über das Gericht gestreut. Es wird mit Fufu, Kochbanane, Yams, Cocoyams oder anderen Knollenfrüchten angerichtet.

Statt des Fii kann man Spinat oder irgendein anderes Blattgemüse verwenden.

EIN TIP: *Sie können auch eine andere Variante der Zubereitung ausprobieren: Bereiten Sie die Tomaten und die Zwiebel wie oben vor, rühren Sie dann rohes, geraspeltes Fii und den Fisch dazu und lassen Sie das Ganze bei mittlerer Hitze unter ständigem Umrühren so lange dünsten, bis das Gemüse gar ist.*

ERDNUSSBUTTER-SAKIE

Erdnussbutter mit Kassava-Blättern

SIERRA LEONE – FÜR 6-8 PERSONEN

1 kg zartes Rindfleisch, in sehr kleine Würfel geschnitten
2 Schalen Wasser
2 mittlere Räucherfische, entgrätet (siehe Tips)
1 1/2 kg blanchierte Kassava-Blätter
1/2 Schale Erdnussbutter
1 feingehackte Zwiebel
2 Schalen in kleine Scheiben geschnittenes Okra
1 Teelöffel Chili
Salz nach Geschmack
1-1 1/2 Brühwürfel
1/2 Schalen Palmöl

Das Fleisch und den Fisch ca 10 Minuten lang kochen. Dann die blanchierten Kassava-Blätter und die Erdnussbutter dazugeben und weitere 10-15 Minuten kochen lassen. Die Zwiebeln, das Okra und das Chili pürieren und mit Salz, Brühwürfel und Palmöl zu den anderen Zutaten geben. Gut umrühren, zudecken und auf kleiner Flamme so lange köcheln lassen, bis das Wasser fast zur Gänze verdampft ist. Mit Kumkum oder Reis servieren.

Ndole

Kamerun – Für 6-8 Personen

Eine Frau in Kamerun kann ihre Kochkunst unter anderem durch die richtige Zubereitung von Ndole unter Beweis stellen!

1 1/2 Schalen Erdnüsse (siehe Tips)
1 kg zartes Rindfleisch zum Dünsten
3-4 Schalen Wasser
1 Schale Palmöl
1 grosse, feingehackte Zwiebel
3 mittlere Tomaten, feingehackt
1 Schale Räucherfisch (siehe Tips)
Chili (nach Wunsch)
Salz nach Geschmack
1 Rindsbrühwürfel
1 kg gut gereinigte frische bitter-leaves

Die getrockneten Erdnüsse sollten in sehr heißem Wasser ca 2-3 Minuten eingeweicht werden. Das Wasser abgießen und die Erdnüsse zwischen beiden Händen zerreiben, sodass die Schale abgeht. Nochmals gut waschen, um auch die restliche Haut zu entfernen. Nun müssen die Erdnüsse zu einer feinen Paste püriert oder zerstampft werden. Das Rindfleisch kochen und mit der Brühe beiseitestellen. Das Palmöl erhitzen, bis die rote Farbe verschwindet, dann die Zwiebel ca 3 Minuten darin anrösten. Die Tomaten dazurühren und bei mittlerer Hitze ca 10 Minuten köcheln lassen. Nun werden das Fleisch und ca 2 Schalen seiner Brühe zur Zwiebel-Tomatenmischung hinzugefügt und auch die anderen Zutaten gut untergerührt. Weitere 15 Minuten bei mittlerer Hitze dünsten – die Erdnüsse und das Gemüse sollten weich sein. Falls die Sauce zu dick wird, gießen Sie vorsichtig Wasser nach. Falls sie zu dünn erscheint, lassen Sie sie auf kleiner Flamme etwas einkochen. Das Gericht wird mit Kochbananen, Yams oder Fufu serviert.

Sautierte Gemüseplatte

Togo – Für 4-6 Personen

8 Esslöffel Pflanzenöl
2 grüne Paprika, geschält und in feine Streifen geschnitten
2 kleine Zucchinis, in feine Streifen geschnitten
1 1/2 Schalen geraspelte Karotten
1 mittlere Aubergine, geschält und in feine Scheiben geschnitten
Salz und Pfeffer nach Geschmack

Jede der angegebenen Gemüsesorten wird gesondert jeweils ca 2-3 Minuten lang in etwa 2 Esslöffel heißem Öl angeröstet, danach mit Salz und Pfeffer gewürzt. Stellen Sie die verschiedenen Gemüseplatten in den Ofen zum Warmhalten.
Auf einer großen, runden Platte werden die Auberginen-Scheiben in die Mitte gelegt, das andere Gemüse rund um die Auberginen arrangiert. Sie können diese Platte als Zwischengericht servieren.

Gedämpfter Kürbis

Kamerun – Für 6-8 Personen

1 grosser Kürbis (2-3 kg)

Der Kürbis wird gewaschen und geviertelt, die Kerne entfernt und die Kürbisviertel bei Bedarf noch einmal halbiert. Falls Sie keinen Kochtopf mit Einsatz besitzen, legen Sie ein Metallgitter oder ein paar Maiskolben in den Topf, sie können es auch mit einem umgedrehten Teller probieren, sodass der Kürbis nicht direkt im Wasser liegt. Geben Sie nun Wasser in den Topf, legen Sie dann die Kürbisstücke hinein und dämpfen Sie diese ca 20-30 Minuten. Heiß mit einer Gemüsesauce, einem Ragout oder Stew servieren.

Eine Variationsmöglichkeit: *Pürierter Kürbis mit Palmnussöl Lösen Sie das gekochte Kürbisfleisch aus der Schale und pürieren Sie es mit Palmöl und Salz. Mit einer Sauce aus Blattgemüse servieren.*

Süsskartoffelblätter und grober Reis

Sierra Leone – Für 8-10 Personen

In Sierra Leone heißt diese Sauce »die sagenhafte Sauce zum Herzen eines Mannes«. Man glaubt, dass eine Frau, die diese Sauce so zubereiten kann, wie man es in Sierra Leone tut, alles kochen kann – und ein Mann, der Süßkartoffelblätter mit grobem Reis gekostet habe, die Beziehung mit dieser Frau nicht mehr auflösen kann. In Sierra Leone nennt man Vollkorn- oder Spaltreis groben Reis.

- 2 kg frische Blätter von Süsskartoffeln
- 3 Räucherfische, etwa 1 kg (siehe Tips)
- 2 Schalen Wasser
- 2 Esslöffel Ogeree
- 1 Chilischote
- 2 mittelgrosse Zwiebeln
- 1-2 gestrichene Teelöffel Salz
- 1/2 Schale Palmöl oder Pflanzenöl
- 2 Esslöffel hausgemachte oder fertig gekaufte Erdnussbutter

Die Süßkartoffelblätter müssen zunächst von den harten Stengeln und von alten, welken Blättern befreit werden. Dann werden sie gewaschen und kleingehackt und für später zur Seite gestellt. Den Fisch ca 10-15 Minuten in kaltes Wasser legen, dann häuten und entgräten. Der Fisch sollte dann in nicht zu kleine Stücke gezupft werden. Geben Sie nun Wasser, Ogeree, Pfeffer und die feingehackten Zwiebeln in einen schweren Topf, vorzugsweise aus Gußeisen, fügen Sie Salz hinzu und lassen Sie das Ganze 15 Minuten kochen. Fisch und Palmöl hinzufügen und weitere 10 Minuten kochen. Nun die kleingehackten Blätter in den Topf legen, mit einem Deckel nicht ganz zudecken und noch 10 Minuten kochen, bevor Sie die Hitze reduzieren. Die Erdnussbutter mit etwas Gemüsebrühe zu einer feinen Paste verrühren und dann mit den Zutaten im Topf gut vermischen. Die Sauce sollte noch ca 10 Minuten ohne Deckel köcheln bzw. so lange, bis fast die ganze Flüssigkeit verdampft ist. Mit gekochtem, grobem Reis servieren.

Statt Ogeree eignet sich Sesampaste (Tahini) ebenfalls sehr gut für die Zubereitung.

Jolaa

Süßkartoffelblätter mit Bohnen

Sierra Leone – Für 6-8 Personen

2 Schalen weisse oder braune Bohnen
1/2 kg kleingewürfeltes Rindfleisch zum Dünsten
2-3 kleine Räucherfische, entgrätet (siehe Tips)
1/2 Schale Palmöl
1 Brühwürfel
1 grosse Zwiebel, feingehackt
1 kg Blätter von Süsskartoffeln, kleingehackt
1/2 Teelöffel schwarzer Pfeffer
genügend Wasser um die Bohnen zu kochen

Kochen Sie die Bohnen etwa 60 Minuten lang, bis sie fast durch sind. Nun kommen die kleinen Rindfleischwürfel, Fisch und Palmöl, Pfeffer, der Brühwürfel und die Zwiebel dazu. Nach 15 weiteren Minuten Kochzeit werden die Blätter eingerührt, die Hitze reduziert und der Topf zugedeckt. Lassen Sie das Gericht fertigköcheln, bis die Flüssigkeit fast verschwunden ist. Mit Reis servieren.

Getrocknete reife Kochbananen

Kamerun – Als Snack zu geniessen

2 kg geschälte, reife Kochbananen
2 Schalen Wasser

Die gewaschenen, geschälten Bananen werden im Wasser ca 10-15 Minuten gekocht. Wasser abgießen und die Bananen halbieren. Die Bananen sollen in einem sauberen flachen Körbchen mehrere Tage an der Sonne trocknen, bis sie hart sind. In einem luftundurchlässigen Behälter aufbewahren.
Man kann auch Süßkartoffeln in dieser Weise zubereiten, die Scheiben sollten dann allerdings nur etwa 1 cm dick sein.

Avocado und Kochbanane

Togo, Kamerun – Für 4-6 Personen

4-6 reife Kochbananen
Öl zum Herausbacken
1 Schale ganze Shrimps oder Garnelen
2 mittlere reife Avocados
Saft einer Zitrone

Die Kochbananen werden geschält und der Länge nach in Scheiben geschnitten, diese werden nochmals gedrittelt. In heißem Öl herausbacken bzw. fritieren und auf einem Stück Küchenrolle abtropfen lassen. Im Ofen warmstellen. Gießen Sie nun das Öl aus der Pfanne, stellen Sie die Pfanne zurück auf die Flamme und rösten Sie die Shrimps 2-3 Minuten lang. In einer Schüssel wird das Fleisch der Avocados mit Zitronensaft püriert.
Das Avocadodip kommt in die Mitte eines großen Tellers, die frittierten Bananen rundherum auflegen und die Shrimps über die Avocados streuen.

Statt der Avocados kann man »Plum« (Buschbutter) verwenden.
Eine Variante: *Das Avocadodip kann auch mit gerösteten Kochbananen, mit Yams, Cocoyams, Süßkartoffel oder Kassava serviert werden. Es eignet sich auch gut als Brotaufstrich.*

Gekochte grüne Kochbananen

Für 4-6 Personen

1 kg grüne Kochbananen
2 Schalen Wasser
Salz nach Geschmack

Die Kochbananen werden geschält und gewaschen und im Ganzen oder halbiert ca 25 Minuten lang in Salzwasser gekocht. Man serviert sie am Besten mit einer Gemüsesauce oder einem Ragout.

Ablongo

Gebackene Kochbanane und Mais

Ghana – Für 6-8 Personen

1/2 kg reife Kochbananen
300 g fermentierter Maisteig (siehe Grundrezepte)
Salz und Pfeffer nach Geschmack
1 Esslöffel Mehl
1 Schale Palmöl

Die Bananen werden geschält, gewaschen und püriert und dann mit dem Maisteig vermischt. Nun Salz, Pfeffer und Mehl unterrühren. Zuletzt das Palmöl hinzufügen und gut vermischen. Den Teig in einer Brot- oder länglichen Kuchenform im vorgeheizten Ofen ca 1 Stunde lang bei 200° C backen. Nach dem Abkühlen kann man das Bananenbrot in Scheiben schneiden.

Statt des fermentierten Maisteigs kann man auch Maismehl mit ein wenig kaltem Wasser befeuchten und in gleicher Weise verarbeiten.

Kakro

Ghana – Für 6-8 Personen

Dieser Imbiss wird vorzugsweise an Hauptverkehrsstraßen oder in großen Städten von Straßenverkäufern angeboten.

Öl zum Fritieren
1/2 kg sehr reife Kochbananen
300 g fermentiertes Maismehl (siehe Grundrezepte)
1 kleine, sehr feingehackte Zwiebel
Salz und Pfeffer nach Geschmack

Die Bananen werden zerstampft bzw. püriert und in einer Schüssel mit den anderen Zutaten, außer dem Öl, vermischt. Erhitzen Sie nun das Öl, stechen Sie mit einem Esslöffel kleine Portionen Teig aus und backen Sie diese ca 3 Minuten lang im heißen Öl aus. Sie erhalten aus den angegebenen Mengen 20-25 Kakros.

Gebackene Kochbananen-Würfel

Togo – Für 4 Personen

4 grosse, halbreife Kochbananen
Salz nach Geschmack
Öl zum Fritieren

Die Bananen sollten geschält, gewaschen und abgetrocknet werden. Danach schneidet man sie in Würfel und würzt sie mit Salz. In einer Friteuse herausbacken, das Öl auf Papier abtropfen lassen. Sie können sie auch als Zwischengericht oder als Snack anbieten.

Pürierte Kochbananen-Scheiben

Togo – Für 6-8 Personen

1 kg sehr reife Kochbananen
1 Schale Palmöl oder Pflanzenöl
1 grosse, feingehackte Zwiebel
1 Hühnerbrühwürfel (nicht zwingend)
Salz nach Geschmack
1 Teelöffel schwarzer Pfeffer
Präparierte Kochbananenblätter oder Aluminiumfolie (siehe Tips)

Die Bananen schälen, waschen und in sehr kleine Würfel schneiden. Die Zwiebel im heißen Öl goldbraun rösten und dann die Bananen dazumischen. Nehmen Sie die Pfanne vom Feuer und pürieren Sie die Zwiebel-Bananen-Mischung zu einer feinen Paste. Öl abtropfen und abkühlen lassen. Jeweils etwa 1 Schale mit Paste auf einer Folie bzw. Bananenblättern verteilen und diese zu einer Rolle drehen. Sie erhalten daraus ca 5-6 Röllchen. Die Paste sollte ca 2-3 Stunden im Kühlschrank rasten, um fest zu werden. Dann die Hülle heruntergeben und die Bananenpaste in 2 cm dicke Ringe schneiden. Als Zwischengericht servieren.

Gekochte Kassava

Für 4-6 Personen

1 kg Kassava
Salz nach Geschmack
Wasser zum Kochen

Die Kassavas schälen und waschen. In ca 10 cm lange schmale Streifen schneiden und in Salzwasser weichkochen; die Kochzeit beträgt etwa 30-40 Minuten. Gekochte Kassava kann mit Gemüsesauce oder einer anderen Sauce Ihrer Wahl serviert werden. Als Zwischengericht können Sie Kassava mit Avocado oder Buschpflaumen anrichten.

Miondo

Kamerun

Miondo genoss man früher nur im Süden von Kamerun, heute ist es im ganzen Land verbreitet und wird auf Märkten und an Straßen entweder fertig oder eingewickelt und kochbereit verkauft. Fertiges Miondo hält sich sehr lang, vor allem, wenn es in Isolierbeutelchen im Kühlschrank aufbewahrt wird. Rohes Miondo kann man 3-4 Wochen lang tiefkühlen. Machen Sie größere Mengen davon: Die Zubereitung ist recht aufwendig!

Kassava
Wasser
Präparierte Bananenblätter zum Einwickeln (siehe Tips)
Schnur, normalerweise aus Bambusfaser

Die geschälten, gewaschenen Kassavas werden in einer großen Schüssel mit Wasser eingeweicht und ruhen zugedeckt 4-5 Tage lang, bis sie weich sind. Dann nimmt man sie aus dem Wasser, entfernt die holzige Faser im Inneren der Frucht und zerstampft sie zu einer weichen Paste. Diese kommt, schmalen, ca 30 cm langen und 2 cm dicken Rollen auf die Bananenblätter. Die Blätter einrollen, verschnüren und mindestens 1 Stunde lang dämpfen. Wenn die Rollen dicker gedreht werden (ca 3-4 cm), heißen sie Bobolo. Miondo bzw. Bobolo wird mit Erdnuss-Koki, Chili-Pfeffer-Sauce oder gegrilltem Fisch serviert.

Kassava-Koki

Kamerun – Für 8-10 Personen

2 kg Kassava
1 Schale vorgekochter Räucherfisch in kleinen Stücken (siehe Tips)
1 Schale Palmöl
1/2 Schale gemahlene, getrocknete Shrimps
Chili (nicht zwingend)
Salz nach Geschmack
Präparierte Bananenblätter zum Einwickeln (siehe Tips)

Die Kassava schälen, waschen und reiben. Alle Zutaten dazumischen. Dann eine Schale der Mischung auf einem Bananenblatt auf ca 5-6 cm verteilen, sodass 2 cm am Blattrand frei bleiben. Das Blatt wird nun zylinderförmig eingerollt und an den Enden eingeschlagen. In einem Kochtopf mit Einsatz mit den eingeschlagenen Enden nach unten ca 1 Stunden über großer Flamme dämpfen. Gießen Sie gelegentlich Wasser nach, damit die Blätter nicht am Topfboden kleben bleiben.

Ein Tip: *Es ist sehr wichtig, Kassava-Koki oder ähnlich zubereitete Mischungen nicht in direkten Kontakt mit dem Kochwasser zu bringen, da sie sonst zu weich werden oder ihren Geschmack verlieren. Falls Sie keinen Dampftopf mit Einsatz haben, legen Sie ein Drahtkörbchen in den Kochtopf. In traditionellen Küchen behift man sich mit ein paar Maiskolben oder Holzstücken als Untersatz.*

Kassava-Scheiben mit Kokosnuss

2 kg Kassava
Salz nach Geschmack
Wasser

Die Kassavas schälen und waschen, dann in 10-12 cm lange Scheiben schneiden. Die Scheiben halbieren und die holzige Faser im Inneren der Frucht entfernen; 15 Minuten kochen. Nachdem die Kassavas abgekühlt sind, schneidet man sie nochmals in sehr feine Scheiben, bevor man sie über Nacht in kaltem Wasser einweicht. Am nächsten Tag spült man sie mit klarem Wasser ab, legt sie nochmals in kaltes Wasser und salzt sie. Sie müssen nun eine Weile stehen, bevor man sie mit frischen Kokosnuss-Stücken servieren kann.

Yakayaka

Ghana – Für 4 Personen

500 g frisch zerstampfte Kassava
Salz nach Geschmack
Wasser zum Kochen

Die zerstampften Kassavas in ein sauberes Tuch wickeln und einen Teil ihrer Flüssigkeit herauspressen. Durch ein grobmaschiges Sieb treiben, sodass sie wie Semmelbrösel aussehen und salzen. Falls Sie keinen Kochtopf mit Einsatz haben, verwenden Sie eine normale Kasserole, gießen Wasser hinein und legen Sie Metallsieb darüber, das ungefähr die Breite des Topfes haben sollte. Legen Sie die Kassava-Krümel auf das Gitter, decken Sie den Topf zu und dämpfen Sie die Kassava 30-40 Minuten bei großer Hitze. Mit gebratenem Fisch, Chili-Pfeffer-Sauce oder einer anderen Sauce servieren.

Ein Tip: *Kochen im Druckkochtopf – die meisten Gerichte mit langer Kochzeit kann man im Druckkochtopf mit sehr wenig Wasser zubereiten. So gehen die Vitamine nicht verloren. Cocoyam und Kochbananen brauchen im Druckkochtopf nur etwa ein Drittel der normalen Kochzeit.*

Gekochte weisse oder gelbe Yamwurzeln

Für 6 Personen

1 1/2 kg Yam
Salz nach Geschmack
Wasser zum Kochen

Die Yams in ca 4-5 cm breite Scheiben schneiden, die Schale abziehen und waschen. In einem zugedeckten Topf mit Salzwasser ca 20-25 Minuten lang kochen. Mit einer Gemüsesauce, einem Stew oder Ragout, vorzugsweise mit Bohnensauce servieren.

Auf die gleiche Weise werden auch Süßkartoffeln, Cocoyams und Kassava zubereitet. Pelzige Yams, süße Yams (Ndongbung) und colocasia cocoyams werden üblicherweise mit Schale gekocht.

Cocoyam-Koki

Kamerun – Für 4-6 Personen

1 kg Cocoyam
1 Schale in Stücke gezupfter Räucherfisch (siehe Tips)
1/2 Schale zerlassenes Palmöl
1/4 Trocken-Shrimp-Pulver
Chili (nicht zwingend)
Präparierte Bananenblätter zum Einwickeln (siehe Tips)

Die Cocoyams schälen, waschen und reiben. Die übrigen Zutaten dazumischen. Verteilen Sie nun etwa eine Schale Cocoyam-Mischung auf ca 5-6 cm eines Bananenblattes und lassen Sie etwa 2 cm Blattrand frei. Das Blatt zylinderförmig einrollen und die Enden einschlagen. In den Dampfkochtopf legen, sodass die eingeschlagenen Enden unten liegen. Achten Sie darauf, dass die Bündel nicht im Wasser liegen, sondern auf einem Rost oder Gitter über dem Wasser bleiben. Ca 1 Stunde bei großer Hitze dämpfen und entweder pur oder mit Palmnuss-Sauce servieren.

Fritierte Yams

Togo/Nigeria – Für 6 Personen

1 kg weisse Yamwurzeln
Salz nach Geschmack
Öl zum Fritieren

Die Yamwurzeln schälen und waschen, dann mit einer Papierküchenrolle abtrocknen. Die Wurzeln in dünne, runde Scheiben oder wie Pommes-Frites schneiden. In viel Öl fritieren, dann auf Papier abtropfen lassen und salzen. Sie können die runden, dünnen Scheiben auch in der Pfanne herausbraten, statt sie zu fritieren.

Kwacoco

Nigeria und Kamerun – Ab 8 Personen

2 kg Cocoyam
Salz nach Geschmack
1/2 Schale Wasser (falls Sie alte Cocoyams verwenden)
präparierte Bananenblätter oder Alufolie (siehe Tips)

Die Cocoyams schälen, waschen und reiben. Salzen und bei nicht ganz frischen Wurzeln unter vorsichtiger Beigabe von Wasser gut durchmischen. Kleine längliche Formen der Masse auf Bananenblätter oder Folie legen, einwickeln und in einem Dampfkochtopf gut zugedeckt ca 1 – 1 1/2 Stunden dämpfen. Abkühlen lassen und mit Palmnuss-Sauce oder anderen Saucen, Stews oder Ragouts servieren.

Pürierte weisse Yamwurzeln

Für 4-6 Personen

1 kg weisse Yamwurzeln
Salz nach Geschmack
1/4 Schale Palmöl
1/2 Teelöffel schwarzer Pfeffer

Die Yamwurzeln in Scheiben schneiden, schälen, waschen und in Salzwasser kochen. Das Wasser abgießen und die Wurzeln pürieren. Das Öl ca 2 Minuten lang erhitzen und zu den pürierten Yamwurzeln mischen. Salzen und pur oder mit Sauce servieren.

Eine Variante: *Man kann 1 Schale gekochten, feingehackten Spinat oder ein anderes Blattgemüse unter das Yamspüree mischen.*

Süßkartoffel-Püree

Togo – Für 4-6 Personen

1 kg Süßkartoffeln
1/4 Schale Palmöl
Salz nach Geschmack

Die gewaschenen, ungeschälten Kartoffeln ca 30 Minuten lang weichkochen. Abkühlen lassen und schälen, dann pürieren. Das erhitzte Öl darübergießen, salzen und gut mit dem Püree vermischen. Mit Fleischsauce oder Gemüsesauce servieren.

Eine Variante: *Sie können statt des Palmöls auch Butter verwenden.*

Abolo

Ghana – Für 4-6 Personen

1 Hefewürfel (42 g) oder 2 Esslöffel Trockenhefe
2 Esslöffel Zucker
6 Schalen Maismehl
1 Schale Weizenmehl
Salz nach Geschmack
1 Teelöffel Backpulver
ein wenig Wasser
1 Brühwürfel
Präparierte Bananenblätter oder Alu-Folie (siehe Tips)

Die Hefe mit Zucker und 1/4 Schale heißem Wasser vermischen, dann aufgehen lassen. Das Maismehl in drei Teile teilen. Den einen Teil in ein wenig Wasser zu einem dicken Brei verkochen, salzen und umrühren. Den heißen Brei über die anderen beiden Teile gießen und auskühlen lassen. Den Brei mit der Hand oder einem Kochlöffel zu einem weichen Teig kneten, Mehl und Backpulver daruntermischen und unter vorsichtiger Zugabe von Wasser zu einem dünnen Tropfteig verarbeiten (er sollte etwas flüssiger als Kuchenteig sein). Würzen Sie nach Geschmack. Nun wird die Hefe unter den Teig gehoben und gut vermischt. Zudekken und eine Stunde lang gehen lassen. In Bananenblätter oder Folie wickeln; formen Sie dabei kleine quadratische Bündel, die 1 Stunde lang unter Dampf gegart werden. Mit Palmnuss-Sauce servieren. Sie können den Maisteig auch in kleine Quadrate aus Alu-Folie wickeln und im Ofen backen.

Fufu-Maisbrei

Für 4-6 Personen

1 1/2 Schalen feines Maismehl
3 Schalen Wasser
Zucker nach Geschmack

Alle Zutaten in einem großen Topf zusammenmischen und über kleiner Hitze bei ständigem Umrühren zum Kochen bringen. Rühren Sie weiterhin ständig um und lassen Sie den Brei weitere 10 Minuten köcheln. Wasser hinzufügen, falls der Brei zu dick werden sollte. Heiß, mit Tee oder Kaffee servieren.

Mais-Koki

Kamerun – Für 8-10 Personen

2 kg frische Maiskörner
1 kleine, feingehackte oder pürierte Zwiebel
1/2 kg kleingehackter Spinat
1/4 getrocknete, feingemahlene Shrimps
Salz nach Geschmack
ca 1-1 1/2 Schalen Wasser
Chili (nicht zwingend)
1-2 Schalen Palmöl
2 Rindsbrühwürfel
Präparierte Bananenblätter oder Alu-Folie zum Einwickeln (siehe Tips)

Die Maiskörner werden zu einer feinen Paste zermahlen, zerstoßen oder püriert. Die pürierte Zwiebel, das Gemüse und die übrigen Zutaten zur Maispaste geben, etwas Wasser hinzufügen und gut vermischen. Die Mischung sollte etwas dünner sein als Kuchenteig. Gießen Sie also nach Bedarf etwas Wasser nach! Wickeln Sie kleine Portionen des Breis in Bananenblätter oder Folie. Ca 1 Stunde über Dampf garen, auswickeln und als Zwischen- oder Hauptgericht anrichten.
Sie können die Mischung auch in eine eingefettete Backform mit Deckel füllen. Achten Sie darauf, dass die Form nur zu etwa zwei Drittel gefüllt wird und backen Sie den Teig 1 Stunde lang bei 150°-200° C.

Frischer Maisbrei

Für 4-6 Personen

10-12 frische Maiskolben
1-2 Schalen Wasser oder Milch
Zucker (wahlweise)

Die Blätter und Haare der Kolben entfernen und diese auf einer Reibe raspeln. Wasser dazugeben und die flüssige Stärke in einen Topf abgießen. Die stärkehaltige Flüssigkeit mit Zucker zum Kochen bringen. Rühren Sie ständig um! 10 Minuten bzw. bis die Flüssigkeit cremig dick wird und sich am Löffel anlegt, weiterköcheln lassen. Den Brei heiß zum Frühstück und mit Akra oder Puff-Puff servieren.

Ein Tip: *Diesen Brei serviert man gern Säuglingen, kleinen Kindern und alten Menschen.*

Kawika oder Apapransa

Ghana – Für 4-6 Personen

3 Schalen Wasser
1 Schale getrocknete, gemahlene Shrimps
1/2 kg Räucherfisch
1 grosse, feingehackte Zwiebel
2-3 Schalen geröstetes Maismehl
1/3 Schale Palmöl
Salz und Pfeffer nach Geschmack

In einem Topf mit 3 Schalen Wasser werden Shrimps, Räucherfisch, Zwiebel, Salz und Pfeffer 15 Minuten lang gekocht. Nun das geröstete Maismehl und Öl einrühren, den Topf zudecken und 10 Minuten weiterkochen lassen. Gut umrühren und aus dem Brei kleine runde Bällchen formen, die auf einem Servierteller arrangiert werden. Mit Chili-Pfeffer-Sauce oder einem Stew oder Ragout servieren.

Kenke

Ghana – Für 4-6 Personen

6 Schalen fermentierter Maisteig (siehe Grundrezepte)
1 Schale Wasser
Salz nach Geschmack
Maisblätter oder Alu-Folie zum Einwickeln

Teilen Sie den Teig in drei Teile. Der erste Teil wird mit wenig Wasser vermischt und über mittlerer Hitze, unter ständigem Umrühren gekocht, bis ein sehr dicker Brei entsteht. Vom Feuer wegstellen. Nun die 2 restlichen Teile Teig mit Salz unter den gekochten Brei mischen und kleine Häufchen der Masse jeweils in einem Maisblatt einwickeln. Die Bündel bei großer Hitze ca 1 Stunde lang über Dampf garen. Mit gebratenem Fisch und Chili-Pfeffer-Sauce oder einer anderen Sauce Ihrer Wahl servieren.

Banku

Ghana – Für 4-6 Personen

300 g fermentiertes Maismehl (siehe Grundrezepte)
100 g gemahlene Kassava
2 Schalen Wasser
eine Prise Salz

Das fermentierte Maismehl wird mit dem gemahlenen Kassava und Wasser zu einem dicken Teig verarbeitet. Salzen und umrühren. In einer Kasserole auf kleiner Flamme unter ständigem Umrühren kochen, bis der Teig fest aber nicht hart wird, gießen Sie in diesem Fall Wasser nach. Den Topf zudecken und den Brei 25 Minuten auf kleiner Flamme köcheln lassen. Stechen Sie mit einer kleinen Schale Kugeln aus dem Banku und arrangieren Sie diese auf einem Teller. Mit Palmnuss-Sauce, Okra-Ragout oder anderen Saucen, Stews oder Ragouts Ihrer Wahl servieren.

Hausa Fufu-Brei

Für 4-6 Personen

1 Schale fermentiertes Maismehl (siehe Grundrezepte)
2 Schalen Wasser
Zucker nach Geschmack (nicht zwingend)

Alle Zutaten werden gut vermischt und bei mittlerer Hitze, unter ständigem Umrühren zum Kochen gebracht. Ca 10 Minuten lang weiterkochen lassen, bis der Brei sich am Löffel anlegt. Wie frischen Maisbrei servieren.

Fufu Mais aus weissem Maismehl

Für 6-8 Personen

4 Schalen feines Maismehl
7-8 Schalen Wasser

Zuerst wird das Wasser zum Kochen gebracht, dann 1/3 davon aus dem Topf genommen und zur Seite gestellt. In den nächsten 5 Minuten wird das Maismehl bei mittlerer Hitze im verbleibenden Wasser zu einer sämigen Paste verrührt, wobei Sie nach und nach vom beiseitegestellten Wasser nachgießen können, wenn der Brei zu dick wird. Nun wird die Hitze reduziert, noch etwas Wasser nachgegossen und der Brei in 15-20 Minuten fertiggekocht. Vor dem Servieren sollten Sie nochmals kräftig umrühren, damit er wieder eine sämige, glatte Konsistenz erhält. Mit Gemüse-, z.B. Okra- oder Erdnuss-Sauce, anrichten.

Hausa-Fufu

Für 6-8 Personen

4 Schalen feines fermentiertes Maismehl (siehe Grundrezepte)
10 Schalen Wasser

Das Wasser zum Kochen bringen, dann die Hitze auf Mittelstufe zurückdrehen. Ein Schale Maismehl mit 2 Schalen kaltem Wasser vermischen und in das kochende Wasser einrühren, 5 Minuten lang kräftig umrühren. Nun den Rest des Mehls hinzufügen und die Masse zu einem glatten, sämigen Brei verarbeiten. Bei Bedarf kann etwas Wasser nachgegossen werden. Den Topf zudecken und das Fufu bei kleiner Flamme 15 - 20 Minuten fertig köcheln. Mit einer Gemüsesauce servieren.

Kokonte

Ghana – Für 4-6 Personen

500 g Kassavamehl
200 g geröstetes, grobes Maismehl
3 Schalen Wasser

Wasser zum Kochen bringen, die beiden Mehlsorten vermischen und gemeinsam in das kochende Wasser einrühren, bis sich ein glatter Brei entwickelt hat. Nun die Flamme reduzieren, den Topf zudecken und weitere 5 Minuten köcheln lassen. Rühren Sie nun nochmals gut um. Falls der Brei sich nur schwer umrühren läßt, sollte noch ein wenig Wasser nachgegossen werden. Warm mit Erdnuss- oder Palmnuss-Sauce servieren.

Ein Tip: *Für das geröstete Maismehl verwendet man getrocknete Maiskörner. Diese röstet man und zerstampft sie dann zu einem feinen Mehl. Das Rösten verleiht dem Mehl einen besonderen Geschmack.*

Kumkum

Kamerun – Für 4-6 Personen

6 Schalen fermentiertes Kassava-Mehl (siehe Grundrezepte)
6 Schalen Wasser

Das Wasser zum Kochen bringen, dann die Hitze reduzieren. Schütten Sie nun vorsichtig und langsam das Kassava-Mehl ins Wasser und rühren Sie dabei ständig um. Das fertig gekochte Mehl wird trüb. Lassen Sie den Brei noch etwa 5 Minuten lang köcheln und rühren Sie dabei ständig weiter. Heiß mit Okra-, Ogbono- oder einer anderen Sauce servieren.

Cocoyam-Fufu

Westafrika – Für 6-8 Personen

1 1/2 kg Cocoyam
soviel Wasser, dass die Cocoyams davon bedeckt werden können

Die Cocoyams schälen und waschen, dann in kleine Stücke schneiden und zum Kochen bringen. Sie sollten dann eine Stunde auf kleinster Flamme dahinköcheln. Die gekochten Cocoyams in einem Mörser zu einem feinen Püree zerstampfen, eventuell ein wenig Kochwasser dazugießen, damit der Brei nicht zu hart wird. Warm mit Okra- oder einer anderen Sauce servieren.

Sie können für dieses Fufu auch weiße Yamwurzel oder Kassava verwenden.

Achu

Kamerun – Für 6-8 Personen

Achu ist in Kameruns Nordwest-Provinz ganz besonders beliebt und wird dort bei fast allen Zeremonien gereicht. Heute genießt man es überall in Kamerun und in vielen der größeren Städte wurden eigene »Achu-Speisehäuser« eingerichtet. Die Gestaltung des Achu-Hügels auf dem Teller gilt als besondere Kunst. Ganz oben muss eine kleine Mulde gebohrt werden, was die Kellnerinnen in Achu-Speisehäusern aus hygienischen Gründen nicht mehr mit den Fingern, sondern mit einem Löffel bewerkstelligen. Aus denselben Gründen serviert man das Gericht auf einem Teller und nicht mehr auf Bananenblättern., was auch das Anrichten erleichtert.

2 kg Colocasia-Cocoyams
ca 4-6 grüne Bananen (nicht zwingend)

Die ungeschälten Colocasia-Cocoyams müssen sehr gut gewaschen und fast weich gekocht werden. Dann die ungeschälten, ebenfalls gut gewaschenen Bananen (man bevorzugt lokal gezüchtete Arten) zu den Cocoyams ins Kochwasser geben und ca 1 1/2 Stunden kochen, bis beide Gemüse weich sind. Die Bananen werden nun geschält und in einem Mörser zerstampft. Nun auch die Colocasia-Cocoyams schälen, in kleinen Portionen in den Mörser geben und im Bananenpüree zerstoßen, bis beides eine glatte, sämige Paste ergibt. Der fertige Brei wird in einer Schüssel angerichtet oder in Bananenblättern zu kleinen Bündeln geschnürt.

Man kann die Bananen auch ganz weglassen.

Ein Tip: *Nach altem Brauch werden die Achu-Bündelchen aufgemacht, der Brei auf dem Blatt zu einem kleinen Hügel aufgetürmt und oben ein kleines Loch gemacht. In dieses Loch wird die Achu-Sauce gegossen. Das Achu wird von außen nur mit dem Zeigefinger aufgenommen und in die Sauce getunkt. Wer nicht auf diese Weise isst, wird schnell als Fremder identifiziert.*

Ununu

Gestampfte Yamwurzeln mit reifen Kochbananen

Für 4-6 Personen

1 kg weisse Yamwurzeln, geschält
500 g sehr reife, geschälte Kochbananen
ca 1/4 Schale Palmöl
Chili (nicht zwingend)
Salz nach Geschmack

Die Yamwurzeln werden gemeinsam mit den Bananen ca 30-40 Minuten lang weichgekocht. Dann zerstampft man sie in einem Mörser und fügt nach und nach Palmöl, Salz und Pfeffer hinzu; das Palmöl verhindert, dass das Fufu zu klebrig wird. Nach dem Stampfen sollte der Brei zu einem schönen, runden Ball geformt werden und mit frischer Fisch-Pfeffer-Suppe oder einer Sauce Ihrer Wahl serviert werden.

Gekochtes Gari

Für 4-6 Personen

3 Schalen Gari
6-8 Schalen Wasser

Das Gari wird in das kochende Wasser eingerührt, wobei man die an der Oberfläche schwimmenden Kerne oder Schmutz schnell entfernen muss. Bei kleiner Hitze rührt man das Gari mit einem Kochlöffel zu einem feinen Brei. Mit Okra- oder Erdnussbutter-Sauce servieren.

Eine Variante: Eingeweichtes Gari

Das Gari mit kochendem Wasser übergießen, Verunreinigungen entfernen, zudecken und ca 5 Minuten stehen lassen. Nicht umrühren! Wie oben servieren.

Gari mit kaltem Wasser

Für 1 Person

1 Schale Gari
2-3 Schalen kaltes Wasser

Das Gari wird mit sehr viel kaltem Wasser in einer Schüssel gereinigt. Rühren Sie dabei um und entfernen Sie jeglichen Schmutz und Kerne, die an der Wasseroberfläche schwimmen. Wiederholen Sie diese Prozedur, bis alle Schmutzpartikeln weggewaschen sind. Das gereinigte Gari dann mit Wasser bedecken, nach Wunsch Zucker dazurühren und als Snack genießen. Dazu passen frische Kokos-Stückchen oder geröstete Erdnüsse.

Gari Foto

Ghana – Für 6-8 Personen

Es gibt zwei Versionen vom Gari: die industriell hergestellte, feinere und die bäuerliche, gröbere und vom Palmöl, in dem es geröstet wird, leicht orangefarbene. Letztere Gari-Version ist für das Gari Foto, das man in Ghana oft zum Frühstück isst, die bessere.

4 Schalen Gari
3 Schalen kaltes Wasser
1 Schale Pflanzenöl
2 grosse, fein gehackte Zwiebeln
2 Teelöffel scharfes Chilipulver
3 grosse, klein gewürfelte Tomaten
2 Esslöffel Tomatenmark
Salz nach Geschmack
1 Teelöffel schwarzer Pfeffer
1 Schale Wasser
5 kleine Petersilzweiglein

Legen Sie das Gari in eine große Schüssel und verrühren es mit dem Wasser, dann stellen Sie es für 12-15 Minuten beiseite. Das Gari sollte das Wasser vollkommen aufsaugen und sich nur ein wenig feucht anfühlen. Es sollte jedoch nicht weich bleiben, falls dies der Fall sein sollte, fügen Sie etwas mehr Gari hinzu. Regional hergestelltes Gari hat nicht immer dieselbe Konsistenz.

....

Rösten Sie die Zwiebeln in heißem Öl goldbraun an und rühren Sie Chilipulver und die Tomaten dazu, lassen Sie alles 5 Minuten köcheln. Nun kommt das mit etwas Wasser vermischte Tomatenmark dazu, der schwarze Pfeffer und das Salz. Rühren Sie ständig um, während die Masse 5 Minuten auf mittlerer Hitze weiterköchelt. Dann vom Herd nehmen und beiseite stellen.
Verwenden Sie eine Gabel, um das Gari aufzurauen und vermengen Sie es dann mit der Tomatensauce zu einer ebenmäßigen Paste. Vor dem Servieren wird das Gari Foto in eine flache Schüssel oder auf einen Teller gegeben und mit der Petersilie bestreut. Sie können Gari Foto als Hauptgericht oder Beilage servieren.

Eine Variante wäre, den Inhalt zweier kleiner Sardinenbüchsen in Flocken zu zerteilen und unter das Gari zu mischen oder es damit zu bestreuen.

Attieke

Gedämpfte Kassava-Grütze mit Huhn

Elfenbeinküste – Für 4-6 Personen

1/2 Schale Pflanzenöl
1 in 8 Teile tranchiertes Huhn
2 grosse, feingehackte Zwiebeln
4 feingehackte Tomaten
2-3 zerdrückte Knoblauchzehen
Salz und Pfeffer nach Geschmack
2 Teelöffel Chili (nicht zwingend)
1-2 Schalen Wasser
4 Schalen Attieke oder grobes Gari (siehe Grundrezepte)

Die Hühnerteile im erhitzten Öl etwa 5 Minuten lang anbraten, die Zwiebel dazugeben und weitere 2 Minuten rösten. Nun kommen alle anderen Zutaten, außer dem Attieke, hinzu. Decken Sie den Topf zu und bringen Sie die Mischung zum Kochen; die Hitze reduzieren und 20-25 Minuten köcheln lassen.
Das Attieke wird mit wenig Wasser angefeuchtet und über der köchelnden Sauce oder in einem Dampfkocher mit Einsatz wie Couscous gegart. Die Kochzeit beträgt ca 10 Minuten, wobei man das Attieke ab und zu mit einer Gabel aufsticht damit es nicht am Boden des Einsatzes klebt. Mit der Hühner-Sauce servieren.

Bohnentopf

Für 6-8 Personen

4 Schalen getrocknete Bohnen –
weisse, schwarze, braune oder rote Bohnen
2 Schalen gekochter Räucherfisch oder getrocknetes
Rindfleisch (siehe Tips)
1/2 kg Schweinefleisch in kleine Stücke geschnitten
1 Schale Palmöl
1 Esslöffel Akob (nicht zwingend)
Wasser zum Kochen
Salz nach Geschmack

Die Bohnen müssen über Nacht eingeweicht werden. Das Wasser abgießen, die Bohnen in einem großen Topf mit frischem Wasser bedecken und kochen lassen, bis sie weich sind. Nun Fisch und Schweinefleisch dazugeben, die übrigen Zutaten darunterrühren und das Ganze etwa 20-25 Minuten kochen lassen. Bei Bedarf Wasser nachgießen. Mit Reis, Cocoyams, Kartoffeln, Kochbananen oder Yamswurzeln servieren.

Statt des Palmöls können Sie ein beliebiges Pflanzenöl mit etwas Tomatenmark verrühren.

Eine Variante: *Sie können den Bohnentopf auch mit frischen Bohnen kochen. Dann müssen die Hülsenfrüchte nicht eingeweicht werden.*

Adowe

Bohnenpaste aus Schwarzaugen-Bohnen

Togo – Für 4-6 Personen

1/2 kg Schwarzaugen-Bohnen
2 grosse, feingehackte Zwiebeln
Salz nach Geschmack
8 Schalen Wasser
1/2 Schale Palmöl oder Pflanzenöl
1 zerstossener Brühwürfel
3 Esslöffel getrocknete Shrimps in Pulverform

Die Bohnen etwa 30 Minuten lang in kaltem Wasser einweichen. Dann die Bohnen häuten, indem man sie gegeneinander reibt. Sie können die

Haut am besten entfernen, wenn Sie die Bohnen unter Wasser setzen und die an der Wasseroberfläche schwimmende Haut herausfischen. Dies sollten Sie 2-3 Mal wiederholen. Die Bohnen mit der Hälfte der gehackten Zwiebeln, Salz und Wasser in einem großen Topf etwa 40 Minuten lang, bzw. bis die Bohnen weich sind, kochen. Falls das Wasser zu rasch verdampft, gießen Sie immer ein bisschen nach, damit das Gericht nicht anbrennt. Die zweite Hälfte der gehackten Zwiebeln wird nun im erhitzten Öl 2-3 Minuten lang geröstet. Brühwürfel und Shrimps-Pulver darunterrühren und dann die gekochten Bohnen darübergießen. Pürieren Sie alles und vermischen Sie es gut. Mit Reis servieren.

EINE VARIANTE: *Auch die nierenförmigen roten Bohnen schmecken gut in diesem Gericht.*

KOKOS-REIS

KAMERUN – FÜR 4-6 PERSONEN

4 SCHALEN KOKOSMILCH (SIEHE GRUNDREZEPTE)
MINDESTENS 1/4 SCHALE SPEISEÖL
2 FRISCHE, FEINGEHACKTE TOMATEN
1 STANGE LAUCH
1 KG IN KLEINE STÜCKCHEN ZERTEILTES HUHN
1 MITTLERE KAROTTE, IN KLEINE WÜRFEL GESCHNITTEN
1/2 SCHALE ROTER PAPRIKA, IN KLEINE WÜRFEL GESCHNITTEN
2 KLEINE, FEINGEHACKTE ZWIEBELN
1/2 TEELÖFFEL GEMAHLENER, FRISCHER INGWER
1 BRÜHWÜRFEL ODER RINDSBRÜHE
1/2 SCHALE ERBSEN
2 SCHALEN LANGKORN-REIS

Im erhitzten Öl werden nach und nach alle Zutaten außer dem Reis ca 5 Minuten lang geröstet. Die Hälfte der Kokosmilch dazugeben und zum Kochen bringen. Nun den Reis darunterrühren und bei kleiner Hitze, unter gelegentlichem Umrühren ca 30 Minuten lang köcheln lassen. Während der Kochzeit sollte immer wieder etwas Kokosmilch nachgegossen werden. Heiß als Hauptgericht servieren.

Egusi-Koki

auch Egusi-Pudding genannt

Für 8-10 Personen

1 Schale Trockenfisch, in kleine Stücke gezupft (siehe Tips)
1 1/2 Schalen Wasser
4 Schalen fein gemahlene Egusi (Kürbiskerne)
Chili nach Geschmack
Salz nach Geschmack
4 Esslöffel feingemahlene getrocknete Shrimps
Bananenblätter oder Alu-Folie zum Einwickeln (siehe Tips)
Bananenfasern oder Schnur zum Fixieren
Wasser zum Dämpfen

Den Fisch in etwa 1 1/2 Schalen Wasser ca 15-20 Minuten kochen, dann beiseite stellen. Das Wasser in einem Kochtopf erhitzen. Die gemahlenen Kürbiskerne in einer Schüssel mit Salz, Pfeffer, Shrimps und ein wenig Fischbrühe zu einer weichen, glatten Paste verrühren. Den gekochten Fisch darunterrühren und den Brei in 3-4 Portionen teilen, jeweils in ein Bananenblatt oder in Alu-Folie einwickeln. Die Blätter mit Schnur oder Fasern zuschnüren. Die Bündelchen werden nun in einem Einsatz über Dampf 1 Stunde lang bei großer Hitze gegart. Mit Miondo, Yamswurzeln oder Kochbananen servieren. Dieses Gericht kann auch in der Mikrowelle, 8-9 Minuten lang bei voller Hitze gegart werden.

Mboh

Erdnuss-Koki

Kamerun – Für 8-10 Personen

6 Schalen Erdnüsse (siehe Tips)
Salz nach Geschmack
Chili nach Geschmack
1-2 Schalen Wasser
Bananenblätter oder Alu-Folie zum Einwickeln
Bananenfasern oder Schnur zum Fixieren

Die Erdnüsse rösten und zu einer sehr feinen Paste zermahlen; salzen und pfeffern. Die Erdnüsse werden so lange mit etwas Wasser verrührt, bis ein dicker, schwerer Teig entsteht. Gießen Sie das Wasser nach und nach beim Rühren zu den Erdnüssen, es sollte immer wieder absorbiert werden. Den Teig in kleinen Portionen auf Bananenblätter oder Alu-Folie verteilen und kleine Päckchen schnüren. Ca 1 Stunde zugedeckt und bei großer Hitze über Dampf garen. Mit Miondo, Bobolo, Kochbanane, Yamswurzel oder Cocoyams servieren.

Es gibt in Kamerun besondere Blätter aus dem Busch, die dem Koki ihren besonderen Geschmack abgeben.

Bohnen-Koki

Kamerun – Für 6-8 Personen

2 Schalen Schwarzaugen-Bohnen
Salz nach Geschmack
1 kleine, feingehackte Zwiebel
1/2 Schale Palmöl
Chili (nicht zwingend)
1/4 kg kleingezupfter oder gehackter Spinat
1 Brühwürfel
Bananenblätter oder Alu-Folie zum Einwickeln (siehe Tips)
Bananenfasern, Schnur oder Faden zum Fixieren
1 Schale Wasser

Die Bohnen ca 20 Minuten in kaltem Waser einweichen. Die Schalen entfernen und nochmale etwa 1 Stunde einweichen. Die gehäuteten Bohnen werden nach dem Wässern in einem Mörser fein zerstampft oder in der Küchenmaschine püriert. Das Püree weitere 5-10 Minuten kräftig schlagen, salzen, pfeffern und mit dem Brühwürfel würzen. Nochmals schlagen, bis das Püree leicht und flaumig ist. Das Palmöl und den Spinat hinzufügen und unter Beigabe von etwas Wasser gut verrühren. Das Püree nun portionsweise auf Bananenblätter oder Alu-Folie verteilen und zu Bündeln schnüren. Garen Sie die eingewickelten Bohnen ca 1 Stunde lang in einem Kochtopf mit Einsatz über Dampf auf großer Flamme, sie sollten nicht im Wasser liegen. Das Püree von der Hülle befreien und mit gekochten Cocoyams, Yams, Kartoffeln oder Kochbananen servieren.
Die Koki-Mischung kann auch im Ofen gebacken werden. Stellen Sie die Backform über ein mit Wasser gefülltes Backblech und garen Sie das Bohnenpüree etwa 1 Stunde lang.

Jellof-Reis

Für 4-6 Personen

1 kg kleingewürfeltes, zartes Rindfleisch zum Dünsten
1/2 Schale Pflanzenöl
1 grosse, feingehackte Zwiebel
6 Esslöffel Tomatenmark
Chili nach Geschmack
Salz nach Geschmack
3 Schalen Langkorn-Reis
Wasser zum Kochen

Das Rindfleisch etwa 20 Minuten lang kochen, dann beiseite stellen. Die Zwiebeln im heißen Öl in einem großen Topf goldbraun rösten. Tomatenmark, Chili und Rindfleisch mit seiner Brühe hinzufügen, gut mit den Zwiebeln vermischen. Den Reis mit warmem Wasser waschen und zu den übrigen Zutaten in den Topf geben. Bringen Sie die Reis-Fleisch-Mischung zum Kochen, drehen Sie dann die Flamme klein und lassen Sie das Gericht unter gelegentlichem Nachgießen von Wasser fertigköcheln, bis Reis und Fleisch weich sind. Nochmals vorsichtig umrühren und heiß servieren.

Schneller Jellof-Reis

Für 4-6 Personen

2 Schalen Langkorn-Reis
4-5 Esslöffel Speiseöl
4 Hühnerschenkel, in kleine Stücke zerteilt
1 Schale Wasser
1 Brühwürfel
2 frische, feingehackte Tomaten
2 Lorbeerblätter

Den Reis vorkochen und beiseite stellen. Die Hühnerteile und alle übrigen Zutaten im erhitzten Öl ca 20 Minuten lang braten, öfter umrühren. Den gekochten Reis darunterheben und vorsichtig mit den anderen Zutaten vermischen. Weitere 10 Minuten fertigköcheln lassen und als Hauptgericht servieren.

Liberianischer Jellof-Reis

Für 6-8 Personen

Jellof-Reis ist in ganz Westafrika, vor allem bei Festlichkeiten und Parties beliebt. Meist verwendet man dafür nur eine Fleischsorte.

1 Schale Pflanzenöl
500 g vorgekochtes und gewürfeltes Rindfleisch
2 gekochte Schweinshaxen, geviertelt
1 in 6-8 Stücke zerteiltes Huhn
200 g geräuchertes Rind- oder Schweinefleisch
1 Schale Tomatenmark
2 Rindsbrühwürfel
1 Teelöffel schwarzer Pfeffer
1 Teelöffel scharfes Chili
1 grosse, fein gehackte Zwiebel
6 Schalen Wasser
3 Schalen Reis
2 Schalen in Scheiben geschnittene Karotten
2 Schalen klein gehackte Fisolen
Salz nach Geschmack

Öl erhitzen, alle Fleischsorten darin anbraten, nach 2-3 Minuten die Zwiebeln dazugeben. Weitere 3 Minuten unter Umrühren weiterbraten. Tomatenmark mit etwas Wasser mischen und zum Fleisch geben. Alle übrigen Zutaten, außer den Karotten, den Fisolen und dem Reis, hinzufügen. Den Topf zudecken und und aufkochen lassen. Jetzt Karotten, Fisolen und Reis in den Topf geben, die Hitze auf ein Minimum reduzieren und solange köcheln lassen, bis der Reis gar ist.

Mai-Mai

Nigeria – Für 6-8 Personen

4-6 hartgekochte Eier
4 Schalen vorher eingeweichte und gehäutete Schwarzaugen-Bohnen
Salz nach Geschmack
1 kleine, sehr fein gehackte Zwiebel
3 Esslöffel getrocknete Shrimps in Pulverform
1-2 Schalen Wasser
1 Schale Palmöl oder eine Mischung aus Pflanzenöl und Tomatenmark
Chili (nicht zwingend)
Bananenblätter oder Alu-Folie zum Einwickeln (siehe Tips)
Bananenfasern, Bindfaden oder Schnur zum Fixieren

Die abgekühlten Eier schälen und entweder ganz lassen oder in Hälften schneiden. Die Bohnen pürieren und mit Salz, Zwiebeln und Shrimps würzen. Verrühren Sie das Püree und gießen Sie während des Rührens nach und nach Wasser und Palmöl dazu. Das Püree wird nun in kleinen Portionen in Bananenblätter oder Folie gewickelt. Auf jede Portion kommt vor dem Einwickeln ein Ei. Die Bündel ca 1-1/2 Stunden im Dampfkochtopf garen. Mit gekochten Cocoyams oder Kochbananen servieren.
Mai-Mai kann auch in kleinen, leeren Konservendosen, die in das Kochwasser gestellt werden, gedämpft werden.

Zwiebelreis

Mali – Für 4-6 Personen

2 Schalen Langkorn-Reis
1/2 Schale Oliven- oder anderes Pflanzenöl
3 grosse, sehr fein gehackte Zwiebeln
2 Teelöffel frischer, zerstossener Ingwer
1 Rinds- oder Hühnerbrühwürfel
2-3 Esslöffel Petersilie, feingehackt
1/2 Teelöffel Thymian
1-2 Esslöffel Grillfett von einem gegrillten Huhn (nicht zwingend)
Salz nach Geschmack

Den Reis wird warm waschen, abtropfen lassen und beiseite stellen. Die Zwiebeln in einem großen Topf im heißen Öl goldbraun rösten. Den Ingwer, Salz, den Brühwürfel und den Reis daruntermischen und mit 3 Schalen Wasser aufgießen. Bei kleiner Hitze ca 10 Minuten köcheln lassen. Nun mit Petersilie und Thymian verfeinern und unter ständigem Umrühren fertigköcheln lassen, bis der Reis weich ist. Falls Sie Gegrilltes zum Reis servieren möchten, träufeln Sie ein wenig Grillfett über den Reis.

Reisbrei

Senegal – Für 4-6 Personen

2 Schalen gut gewaschener Rundkornreis
2 Schalen Kondensmilch
1 Schale frische Milch oder Milch aus der Frucht des Baobab-Baumes
Zucker nach Geschmack
1/4 Teelöffel Vanille-Essenz oder 1 Stange Vanille, die man vor dem Servieren herausnimmt
4-5 Schalen Wasser

Den in lauwarmem Wasser gewaschenen Reis etwa 30 Minuten stehen lassen, noch feucht in den Einsatz eines Kochtopfs stellen und ca 20 Minuten über Dampf garen. Nun mit wenig Wasser weitere 10 Minuten in einer Kasserole fertigkochen. Die übrigen Zutaten darunterrühren und den Reis kalt stellen. Als Dessert servieren.

Chebouja

Reis mit gemischtem Gemüse und Fisch

Senegal – Für 6-8 Personen

1 grosser Fisch mit festem Fleisch
2 zerdrückte Knoblauchzehen
1 Schale feingehackte Petersilie
Chili (nicht zwingend)
1/2 Teelöffel schwarzer Pfeffer
1 zerstossener Brühwürfel
Salz nach Geschmack
3 Schalen Reis
1/2 Schale Pflanzenöl
2 Zwiebeln, 1 kleingehackt, 1 geviertelt
2 Esslöffel Tomatenmark
3 Schalen Wasser
1/2 kg in kleine Stücke geschnittene Kassava
6 mittlere, geschälte Kartoffeln
1 kleiner Krautkopf (Weisskohl), geviertelt
1 grosse Aubergine, in dicke, kurze Spalten geschnitten
1/4 kg Kürbis, geschält und in Stücke geschnitten

Den Fisch ausnehmen, waschen und mit Papier abtrocknen. Den Knoblauch, die Petersilie, den Chili, Pfeffer, den Brühwürfel und Salz zerstoßen bzw. pürieren. Den Fisch mit dieser Mischung einreiben und beiseite stellen.

Die kleingehackte Zwiebel im heißen Öl in einem großen Topf anrösten, dann Tomatenmark und Wasser hinzufügen. Gut umrühren und nach und nach die geviertelte Zwiebel und das andere Gemüse dazugeben und zum Kochen bringen. Die Hitze reduzieren und den gewürzten Fisch auf das Gemüse legen. Träufeln Sie ein wenig Flüssigkeit auf den Fisch, decken Sie den Topf gut zu, das Gericht sollte nun 20 Minuten köcheln. Währenddessen wird der Reis gewaschen und ca 10-15 Minuten über Dampf erhitzt.

Den Fisch und das Gemüse aus der Brühe nehmen und im Ofen warmstellen. Jetzt den Reis in der Brühe weiterköcheln lassen, wobei er nicht von der Brühe bedeckt sein sollte. Falls zu wenig Flüssigkeit da sein sollte, gießen Sie nach und nach etwas Brühe über den Reis, während er fertigköchelt; er sollte körnig bleiben. Servieren Sie ihn auf einem flachen Teller und richten Sie Fleisch und Gemüse auf dem Reis an.

Rindfleisch-Suya

Für 4-6 Personen

1 kg zartes Rindfleisch zum Dünsten
Grillgewürz für Rindfleisch
Pflanzenöl
Salz nach Geschmack

Das zarte Rindfleisch in lange, flache Scheiben schneiden, nach Geschmack würzen und etwa 1 Stunde in einer Marinade aus den Gewürzen ziehen lassen. Auf einen Holzkohlen-Grill legen und öfter mit Öl bestreichen. Schneiden Sie das Fleisch in lange Streifen und servieren Sie mit einer Pfeffer-Sauce.
Suya läßt sich auch gut mit anderen Fleischsorten wie Lamm, Schwein, Huhn, Ziegenfleisch oder Wild kombinieren.

Gekochte Ziege

Kamerun – Für 6-8 Personen

2 kg Ziegenfleisch, in grössere Stücke zerteilt, mit Knochen
Chili nach Geschmack (nicht zwingend)
Salz nach Geschmack
1 kleine, pürierte Zwiebel
2 Teelöffel frisch gemahlener Ingwer
1 1/2 zerstossene Brühwürfel
4 Schalen Wasser zum Kochen
1/2 Schale Pflanzenöl

Fleisch-Stücke und Knochen waschen und mit Salz, Ingwer, Zwiebeln und Brühwürfel in einem großen Topf ca 1 Stunde lang, bzw. bis es weich ist, kochen. Die Brühe abgießen und beiseite stellen. Das Pflanzenöl erhitzen und über das gekochte Fleisch gießen. Die Brühe dazugeben und vorsichtig umrühren. Man kann dieses Gericht heiß oder kalt genießen.

Gewürzte Nieren

Kamerun – Für 6-8 Personen

Gewürzte Nieren, Ziegenleber und verschiedene andere Grillspezialitäten werden in Kamerun vor allem in örtlichen Wirtshäusern oder Bars angeboten, die von der Bevölkerung frequentiert werden und »Off-License«, also ohne Genehmigung zur Ausschank von Alkohol betrieben werden.

1 kg Rinds- oder Kalbsnieren
1 grosse, fein gehackte Zwiebel
1 Teelöffel schwarzer Pfeffer
2 Esslöffel frischer Ingwer
2 zerdrückte Knoblauchzehen
2 Rindsbrühwürfel
Salz nach Geschmack
4 Esslöffel Pflanzenöl
1 Teelöffel scharfes Chilipulver

Die Nieren waschen und in mundgerechte Stücke schneiden. Das Öl in einer Kasserole erhitzen, Zwiebel zugeben und 2-3 Minuten anrösten. Nun die Nierenstücke und übrigen Zutaten hinzufügen und auf mittlerer Hitze, unter gelegentlichem Umrühren, etwa 10 Minuten dünsten. Die Hitze nochmals verringern und bis zum Garwerden der Nieren bzw. bis das Wasser verdampft ist, also 20-25 Minuten, simmern lassen.

Manchupa

Bohnen und Wurst

Cabo Verde – Für 6-8 Personen

Dieser Bohneneintopf kann mit jeder Art Würstchen gemacht werden. Sie können Frankfurter oder ähnliche wählen. Ich habe vorgekochte Bohnen verwendet, um die Zubereitungszeit zu verkürzen.

1 Schale Pflanzenöl
1 grosse, fein gehackte Zwiebel
500 g in Scheiben geschnittene Würstchen
3 zerstossene Gewürznelken
4 Esslöffel Paprika-Pulver
1 Teelöffel schwarzer Pfeffer

Salz nach Geschmack
1 Teelöffel scharfes Chilipulver
3 Lorbeerblätter
6 Schalen gekochte Bohnen
3-4 Schalen Wasser

Rösten Sie die Zwiebel im erhitzten Öl goldbraun an. Geben Sie die Würstchen dazu und rösten diese weitere 2-3 Minuten. Mischen Sie alle übrige Zutaten darunter und rühren Sie gut um. Den Topf bedecken und aufkochen lassen, dann die Hitze reduzieren und 25-30 Minuten simmern lassen. Die Lorbeerblätter herausnehmen und den Eintopf mit weißem Reis servieren.

Maboke

Gedämpfter Fisch

Zaire – Für 4-6 Personen

Das Dämpfen erhält die Nährstoffe und den Geschmack der Speisen.

2 ganze Fische (Forelle oder Scholle bzw. Seezunge), geputzt
1 Esslöffel Pflanzenöl
1 grosse, feingehackte Zwiebel
1-2 zerdrückte Knoblauchzehen
2 Teelöffel frisch geraspelter Ingwer
1 grosse, feingehackte Tomate
Chili (nicht zwingend)
Präparierte Bananenblätter oder Alu-Folie (siehe Tips)

Den Fisch putzen und zur Seite stellen (ganz oder in Stücke zerteilt). Wenn Sie den Fisch ganz lassen wollen, schneiden Sie seine Haut an ein paar Stellen ein. Die Zutaten zu einer dicken Sauce vermischen und den Fisch innen wie außen damit einreiben. Er wird nun auf die präparierten Bananenblätter gelegt, die übrige Gewürzmischung wird darübergegossen. Die Blätter mit Bindfaden oder Schnur zu Bündeln verschnüren und ca 1 Stunde über Dampf garen. Wenn Sie den Maboke in Alu-Folie einwickeln, können Sie ihn im Ofen backen oder ca 12 Minuten lang bei voller Temperatur in der Mikrowelle garen. Mit Reis oder Kochbanane servieren.

Gebackener Fisch

Kamerun – Für 6-8 Personen

1 grosser Fisch (1 1/2 kg) (siehe Tips)
Salz nach Geschmack
1/2 Esslöffel schwarzer Pfeffer
2 Esslöffel sehr fein gehackte Petersilie
1 Teelöffel gemahlener Ingwer
3 Esslöffel gemahlene Erdnüsse (siehe Tips)
3 zerdrückte Knoblauchzehen
1 kleine, pürierte Zwiebel
2 Esslöffel gemahlenes Njangsa
1/4 Schale Pflanzenöl

Den Fisch putzen und alle Innereien entfernen. Waschen Sie den Fisch und tupfen Sie ihn trocken. Beide Seiten sollten mit diagonalen Schnitten eingeritzt werden. Nun werden Salz und die anderen Zutaten miteinander vermischt und der Fisch damit innen wie außen eingerieben. Den gewürzten Fisch ca 40 Minuten im Ofen backen. Regelmäßig mit Pflanzenöl bepinseln. Ein Tip: Njangsa verleiht der Gewürzmischung einen besonderen Geschmack, kann aber, da es in Europa kaum erhältlich ist, weggelassen werden. Sie können alle Zutaten für die Gewürzmischung in der Küchenmaschine pürieren.

Gebratener Fisch

Makrele oder »mud fish«

Für 4-6 Personen

3-4 Fische (ca 1 1/2 kg)
Salz nach Geschmack
1 Brühwürfel
schwarzer Pfeffer
1 Schale Öl

Schuppen, Kiemen sowie den Schwanz der Fische entfernen. Die Innereien herausnehmen, die Fische in kaltem Wasser waschen und in kleine, etwa 5-10 cm dicke Scheiben schneiden. Mit Salz, dem zerstoßenen Brühwürfel und dem Pfeffer würzen. Die Fischstücke im heißen Öl braten, öfter wenden, bis alle Seiten braun sind. Mit Kochbanane oder Reis servieren.

Poulet Dé-Gé

Huhn mit gebratenen Kochbananen

Kamerun – Für 4-6 Personen

Dies ist eines der beliebten Gerichte, die man in den kleinen Speiselokalen Kameruns bestellen kann. Man nennt diese Ess-Stuben »Chicken parlours«, »Hühner-Salons«, weil das Essen in einer Wohnzimmer-Atmosphäre serviert wird. Dé-Gé ist die Abkürzung für »directeur général«, ein Hinweis darauf, dass das Gericht nicht sehr billig ist.

1 grosses, in 8 Teile tranchiertes Huhn
Salz nach Geschmack
4 Esslöffel frischer Ingwer
4-5 zerdrückte Knoblauchzehen
2 Teelöffel schwarzer Pfeffer
1-2 zerstossene Brühwürfel
2 feingehackte Zwiebeln
2 Esslöffel feingehackte Sellerie-Blätter
3 Karotten, in feine Scheiben geschnitten
1/4 Schale Pflanzenöl
2-3 Schalen Wasser
2 grosse grüne Paprika, in Längs-Streifen geschnitten
4-5 Esslöffel feingehackte Petersilie
1 1/2 Schalen halbierte Fisolen (grüne Bohnen)
6-8 mittelreife Kochbananen
Öl zum Braten

Die Hühnerstücke waschen und mit Salz, Ingwer, Knoblauch, Pfeffer und dem Brühwürfel einreiben. Legen Sie das Fleisch in einen Topf und rühren Sie die Zwiebeln, Sellerie-Blätter, Karotten und das Pflanzenöl dazu. Mit der Hälfte des Wassers übergießen, zudecken und zum Kochen bringen. Dann die Hitze reduzieren und etwa 20 Minuten lang dünsten. Die Paprika-Streifen, Petersilie und die grünen Bohnen hinzufügen, gut umrühren und das restliche Wasser nach und nach dazu gießen, während das Huhn gar wird. Während die Sauce köchelt, werden die Kochbananen geschält und halbiert. Die Hälften sollten nochmals der Länge nach in jeweils 4 Streifen geschnitten werden. Die Bananen im Bratöl auf beiden Seiten bräunen. In einer tiefen Schüssel die Hühner-Sauce und die Bananenstreifen abwechselnd übereinander schichten, mit einem Holzlöffel oder Quirl leicht verrühren und hübsch auf einem flachen Teller anrichten.

Gebratenes Huhn

Für 4-6 Personen

1 grosses, in serviergerechte Teile tranchiertes Huhn
1 feingehackte Zwiebel
1 Hühnerbrühwürfel
1 Schale Wasser
Salz nach Geschmack
2 zerstossene Knoblauchzehen
Chili (nicht zwingend)
1/2 Schale Pflanzenöl

Die Hühner-Stücke waschen und mit den gut vermischten Gewürzen einreiben. Mit Wasser ca 10 Minuten kochen. Die Brühe abgießen und für eine andere Verwendung aufbewahren. Das Öl in einer großen Pfanne erhitzen und das Huhn auf allen Seiten gut durchbraten. Mit einem stärkehaltigen Hauptgericht oder mit Chili-Pfeffer-Sauce servieren.

Ein Tip: *Man kann die Hühner-Teile auch gleich braten, ohne sie vorher zu kochen. Dann müssen sie aber länger und auf sehr kleiner Hitze braten, um nicht zu verkohlen.*

Huhn Yassa
Zwiebelhuhn

Senegal – Für 4-6 Personen

Yassa ist eines der im Senegal beliebtesten Hühner-Gerichte. Man kann die Zubereitung vereinfachen, und das Huhn im Ofen garen.

6 Hühner-Schenkel
10 mittlere, in feine Ringe geschnittene Zwiebeln
Saft von 2 – 2 1/2 Zitronen
1/2 Teelöffel schwarzer Pfeffer
Salz nach Geschmack
1 oder 2 Lorbeerblätter
1 grüner oder gelber Paprika, in Streifen geschnitten
3-4 Esslöffel Pflanzenöl

Die Hühner-Schenkel gut waschen, dann auf heißen Kohlen oder im Ofen ca 20 Minuten lang grillen, um überschüssiges Fett zu entfernen. Die Hühner-Stücke in einer tiefen Schüssel mit den Zwiebeln und allen anderen Gewürzen ca 30 Minuten marinieren. Im erhitzten Öl sollten nun nur die Zwiebelringe braun geröstet werden, dann das Huhn darauf legen und ca 10 Minuten lang braten. Mit der Marinade übergießen und 20 Minuten lang fertig köcheln lassen. Die Hühner-Schenkel schön auf einem Servierteller auflegen, die Zwiebelringe darüberstreuen, dann die Sauce darübergießen und mit Reis servieren.

Ein Tip: *Das Grillen auf Holzkohle gibt dem Huhn einen speziellen Geschmack.*

Mais-Bohnen-Eintopf

Für 6-8 Personen

Dieser Eintopf wird gern von StudentInnen in Internaten gegessen, sie haben ihm auch den Namen »Corn chaff« (»Mais-Spreu«) gegeben.

2 Schalen getrocknete Bohnen
1 Esslöffel Akob
3 Esslöffel fein gemahlene, getrocknete Shrimps
6-8 Schalen Wasser
1/2 kg Räucherfisch oder -fleisch (nicht zwingend)
3 Schalen Trockenmais
1 Rindsbrühwürfel
1 Schale Palmöl
Salz nach Geschmack

Bohnen und Mais werden in verschiedenen Schüsseln über Nacht eingeweicht. Am nächsten Tag das Wasser abgießen. Um die Kochzeit zu verringern, kann man den Mais in einem Mörser leicht aufspalten und die Schalen auswaschen. Der Mais wird ca 1 Stunde lang gekocht, dann die Bohnen hinzugefügt und beides weichgekocht. Die Flamme auf halbe Stärke zurückdrehen, die übrigen Zutaten dazumischen und weitere 15-20 Minuten lang köcheln. Bestimmen Sie die Konsistenz der Sauce, indem Sie Wasser nachgießen, oder die Flüssigkeit durch längeres Kochen verdunsten lassen.

Heute wird der Mais nicht mehr unbedingt mit Mörser und Stössel zerspalten, sondern mit modernen Küchenmaschinen zerkleinert.

Cocoyam-Eintopf

Kamerun – Für 6-8 Personen

2 kg Cocoyam
1 kg zartes Rindfleisch zum Dünsten
Pfeffer nach Geschmack
1/2 kg bitter leaves oder anderes Blattgemüse wie Spinat oder Bambus-Sprossen
Salz nach Geschmack
1 Schale Palmöl
3-4 Schalen Wasser
1/2 Schale getrocknete Shrimps in Pulverform

Das Blattgemüse gut waschen. Die Cocoyams schälen und waschen, dann in ca 10 cm lange Stücke schneiden. Legen Sie das Fleisch als erstes in einen Topf, schichten Sie die Cocoyams und alle anderen Zutaten außer den Shrimps darüber. Das Wasser darüber gießen und ca 1 Stunde lang kochen. Falls die Flüssigkeit zu schnell verdampft, gießen Sie mehr Wasser nach. Zuletzt das Shrimp-Pulver dazurühren und heiß servieren.

Eintopf mit Colocasia Cocoyam

Kamerun – Für 6-8 Personen

2 kg Colocasia Cocoyam
1/2 kg gekochte Njamanjama-Blätter
1/2 Teelöffel Pfeffer
1/2 Schale getrocknete Shrimps in Pulverform
Salz nach Geschmack
1 Schale Palmöl
1 Schale Wasser

Die Colocasia Cocoyams waschen und kochen, dann schälen und in einen Topf legen. Das Wasser aus den gekochten Njamanjama-Blättern drücken, alle anderen Zutaten dazumischen, gut umrühren und etwa 10 Minuten, bei kleiner Flamme köcheln lassen.

Ekwang

Kamerun – Für 6-8 Personen

2 kg Cocoyam
1 Schale Palmöl
Salz nach Geschmack
3-4 Schalen Wasser
breite Spinatblätter zum Einwickeln
1/2 kg frisches, zartes Rindfleisch oder eine Mischung aus frischem und
geräuchertem Fleisch (Geselchtes, Kasseler oder geräuchertes Rindfleisch)
2-3 mittlere, feingehackte Tomaten (nicht zwingend)
Chili (nicht zwingend)
1 mittlere, feingehackte Zwiebel

Die Cocoyams schälen, waschen und in eine große Schüssel raspeln. Salzen. Die Innenseiten eines großen Topfes mit der Hälfte des Öls gut einfetten. Die Spinatblätter gut waschen, einen Löffel voll Cocoyam auf jedes Blatt legen und zu kleinen Kegeln drehen. Das Fleisch in die Mitte des Topfes legen und die Spinat-Kegel rundherum schichten. Die übrigen Zutaten darüberstreuen und 2 Schalen Wasser dazugießen. Den Topf zudecken und auf großer Flamme zum Kochen bringen. Nun mehr Wasser nachgießen, so dass die Zutaten bedeckt sind, und auf kleiner Flamme weichkochen. Lösen Sie die Spinat-Kegel ab und zu mit dem Kochlöffel von der Topfwand, so dass die Sauce von oben zum Fleisch durchdringen kann. Die Cocoyams und das Fleisch brauchen etwa 1 Stunde Garzeit. Gießen Sie immer wieder etwas Wasser nach. Rühren Sie vor dem Servieren noch einmal vorsichtig um.

Statt der Spinatblätter kann man auch Fii, junge Cocoyam-Blätter, Mangold oder irgendein anderes Blattgemüse verwenden.

Kochbananen-Eintopf nach Bauernart

Kamerun – Für 6-8 Personen

Wenn in meinem Dorf ein Baby geboren wird, bereitet man dieses Gericht mit Rind- oder Ziegenfleisch und mit viel Palmöl zu. In der ersten Lebenswoche des Babys wird jeder Gast mit dieser Speise bewirtet. Man feiert den freudigen Anlass und zeigt seine Anteilnahme dadurch, dass man ein oder zwei Bananenstückchen aus dem Topf nimmt und isst.

1 kg Schweinefleisch, im Ganzen
1-2 Schalen Palmöl
Salz nach Geschmack
1/2 kg bitter leaves
2 kg Kochbananen, geschält, gewaschen und im Ganzen belassen
Chili nach Geschmack
2 Schalen getrocknete Shrimps, gemahlen oder in Pulverform
5-6 Schalen Wasser

Die bitter leaves waschen und etwa 5 Minuten in kochendes Wasser tauchen, dann abspülen. Den Boden eines großen Topfes mit den Blättern auslegen, eine Schale Öl darüber gießen, ein paar Bananen darüber legen und das Fleisch auf die Bananen geben. Die übrigen Bananen und Blätter kommen in Schichten auf und um das Fleisch. Salzen, pfeffern und das restliche Öl hinzufügen. Nun wird Wasser hinzugefügt, um die Zutaten bei mittlerer Hitze weich zu kochen. Ab und zu nachschauen und eventuell wenig Wasser nachschütten. Es sollte am Ende kaum Flüssigkeit im Topf bleiben. Den Topf vom Feuer nehmen und ein paarmal schwenken. Nicht umrühren, da sonst die Bananen auseinander brechen. Warm auftragen.

Akpessi

Yamtopf mit Huhn

Elfenbeinküste – Für 6-8 Personen

Man bereitet dieses Gericht üblicherweise mit Freiland-Hühnern oder Legehennen zu, deren Fleisch viel fester ist als das von Grillhähnchen. Aus diesem Grund dauert die Zubereitung des Eintopfs relativ lang. Man kann die Kochzeit verkürzen, indem man einen Druck-Kochtopf benützt.

1 grosse Legehenne
2 Zwiebeln, in grosse Stücke zerteilt
1 Teelöffel Salz
1 Teelöffel Pfeffer
4-5 Schalen Wasser
1/2 Schalen Palmöl
2 Esslöffel Tomatenmark
1 kg in dicke Scheiben geschnittene Yamwurzeln

Das Huhn wird in serviergerechte Teile tranchiert und gut gewaschen. Es muss nun in einem großen Topf, zusammen mit den Zwiebeln, Salz, Pfeffer und Wasser 1 Stunde lang auf kleiner Flamme kochen. Wenn Sie einen Druck-Kochtopf verwenden, verringert sich die Garzeit auf 25 Minuten. Palmöl, Tomatenmark und Yamswurzeln beigeben, 10 Minuten lang mitkochen, dann ein wenig von der Tomatensauce und ein, zwei Yam-Stückchen herausnehmen, pürieren und in den Topf zurückgeben. Gießen Sie nach Bedarf ein wenig Wasser nach, die Sauce sollte beim Servieren nicht zu dick sein. Richten Sie die Hühner-Stücke getrennt von der Sauce und den Yams an.

Gestampfte, geröstete Kochbanane

Kamerun – Für 2-4 Personen

Traditionell röstet man Speisen über dem offenen Feuer. Heute verwendet man den Holzkohlengrill oder andere Grilltechniken. Geröstete Speisen werden am Straßenrand, bei großen Märkten oder in bevölkerungsreichen Vierteln angeboten. Geröstet werden frische Maiskolben, reife und unreife Kochbananen, Cocoyams, Süßkartoffeln, Kassava und einige Sorten Yamswurzeln.
Viele Leute servieren Geröstetes gemeinsam mit Buschpflaumen, manchmal auch Buschbirnen genannt. Das Fruchtfleisch der »plums« erinnert an Avocados, hat aber einen leicht säuerlichen Geschmack. Buschpflaumen taucht man entweder in sehr heißes Wasser, oder man röstet sie oder gräbt sie zum Garen in sehr heißer Asche ein. Sowohl die »plums« als auch Avocados (beide sind in Kamerun sehr verbreitet) passen gut zu gerösteten Speisen.

4 Kochbananen
1/4 Schale Palmöl
Salz nach Geschmack

Die Kochbananen werden geschält und auf offenem Feuer oder auf einem Holzkohlen-Grill geröstet. Die verbrannte Haut mit einem Küchenmesser abkratzen, dann die Bananen in kleine Teile brechen und in eine Schüssel geben. Mit Salz und Palmöl beträufeln und mit den Fingern oder einer Gabel gut vermischen, aber nicht zu einer Paste verrühren.

Ein Tip: *Auf dieselbe Weise wie Kochbananen röstet man auch Yams, Kassava und Süßkartoffeln. Cocoyams brauchen ungefähr doppelt so lange wie Kochbananen, sie kratzen sonst im Hals. Yams, Kartoffeln und Cocoyams müssen vor dem Rösten nicht geschält werden.*

Akra-Bohnen

Für ca 25-30 Akra-Bällchen

2 Schalen Schwarzaugen-Bohnen
1/2 Schale feingehackte Zwiebeln
etwas Wasser
Salz nach Geschmack
Öl zum Fritieren

Die Bohnen 20-30 Minuten einweichen, dann zwischen den Händen reiben, um die Haut abzuziehen. Die Bohnen unter Wasser setzen, um die an der Oberfläche schwimmenden Häutchen zu entfernen. Gießen Sie das Wasser mit den Häutchen weg und wiederholen Sie den Vorgang noch mehrere Male, bis alle Häute entfernt wurden. Nun die Bohnen nochmals 1 Stunde einweichen. Die weiche, gehäuteten Bohnen mit den Zwiebeln in einem Mörser zerstampfen oder in einem Mixer mit sehr wenig Wasser pürieren. In eine Schüssel geben und mit dem Schneebesen so lange schlagen, bis die Mischung leicht und flaumig wird. Salzen und weiter schlagen. Die Bohnenmischung mit einem Esslöffel in kleinen Portionen ins heiße Öl einlegen und auf mittlerer Hitze goldbraun herausbacken. Auf Küchenpapier abtropfen lassen.

Ein Tip: *Falls Sie keine Schwarzaugen-Bohnen bekommen, lassen sich auch andere Bohnen so zubereiten. Sie erhalten aber nicht dieselbe Farbe und Konsistenz. Die Bohnen-Mischung sollte immer weiter geschlagen werden, bevor die nächsten Portionen ins heiße Öl kommen.*

Akra Banana

Kamerun – Etwa 20 Akra-Bällchen

2 Schalen pürierte, reife Bananen
4 Schalen geraspelte Kassava
Salz nach Geschmack
Öl zum Fritieren

Aus der geraspelten Kassava Flüssigkeit herauspressen, dann die Kassava mit Bananen und Salz vermischen. In einer Friteuse Öl erhitzen und die Kassava-Bananen-Mischung, zu kleinen Bällchen geformt, goldbraun herausbacken. Warm oder kalt mit Chili-Pfeffer-Sauce oder einem Brei servieren.

Kassava-Chips

Togo

1 kg frische Kassavas
Öl zum Fritieren
Salz nach Geschmack

Die Kassavas werden geschält und gewaschen, dann der Länge nach in 10 cm dicke Spalten geschnitten. Die Spalten nochmals der Länge nach durchschneiden. Die Kassava-Stücke in kochendem Wasser blanchieren, herausnehmen und unter kaltem Wasser abspülen. Abtropfen lassen und die holzige Faser im Inneren herausziehen.
Die blanchierte Kassava in dünne Scheiben oder Streifen schneiden und portionsweise goldbraun im heißen Öl herausbacken. Fett abtropfen lassen und mit Salz würzen.

Ein Tip: *Wenn Sie grüne Kochbananen, grüne Bananen, Yams oder Süßkartoffeln auf diese Weise zubereiten möchten, müssen Sie die Früchte nicht blanchieren. Sie können nach dem Schälen und Schneiden gleich in das heiße Fritierfett gelegt werden.*

Kameruner Kokos-Quadrate

Ca 12 Stück

4 Schalen grobgeraspelte Kokosflocken
1 Schale Zucker
1 Schale Wasser

Die Kokosflocken mit dem Zucker und dem Wasser in eine Kasserole geben. Über großer Flamme und unter ständigem Umrühren kochen, bis das Wasser völlig verdampft ist. Die Hitze reduzieren und weiter rühren, bis der Zucker eine hellbraune Farbe annimmt und eine Glasur über das Kokos gezogen hat. Vom Herd nehmen und auf ein mit Wachspapier ausgelegtes Blech legen. Mit Papierfolie bedecken, ein schweres Gewicht darauf stellen und so 1-2 Stunden auskühlen lassen. In kleine Quadrate schneiden und in einem luftdicht verschlossenem Gefäß aufbewahren. Als Süßigkeit servieren.

Chin-Chin

3 Schalen Mehl
1/4 Teelöffel Muskat
1/4 Teelöffel Salz
3/4 Schale Zucker
1/2 Teelöffel Backpulver
1/4 Schale Margarine
1 Ei
3/4 Schale Milch oder Wasser
Öl zum Fritieren

Vermischen Sie das Mehl in einer Schüssel mit Muskatnuss, Salz, Zucker und Backpulver und treiben Sie die Butter darunter. Graben Sie eine kleine Mulde in das Mehl. Das Ei leicht schlagen, mit Milch verrühren und in die Mulde gießen. Mit einem Kochlöffel einen festen Teig kneten, eventuell Mehl nachstreuen, wenn der Teig noch zu weich ist. Der Teig sollte nun auf einer mit Mehl bestäubten Oberfläche 10 Minuten lang gut durchgeknetet, dann zu ca 1 cm Dicke ausgerollt werden. Kleine Quadrate oder Sterne ausstechen und goldbraun herausbacken.

Ein Tip: *Chin-Chin kann auch zu kleinen Zöpfen geflochten werden. Für eine andere Variante sticht man aus den Quadraten kleine Löcher aus und zieht eine Ecke des Quadrats durch das Loch.*

Dodo

Gebratene, reife Kochbananen

Für 4-6 Personen

2 kg reife Kochbananen
Salz nach Geschmack
Öl zum Braten

Die Bananen schälen und der Länge nach jeweils in 4 Streifen schneiden. Mit ein wenig Salz bestreuen. Im erhitzten Öl ca 2 Minuten auf beiden Seiten goldbraun braten. Mit Chili-Pfeffer-Sauce, Rühreiern, Bohnenragout, Tomatenragout oder Avocado servieren. Sie können die Bananen auch als Zwischengericht oder zum Frühstück genießen.

Erdnuss-Kugeln

Kamerun – ca 12-15 Kugeln

3 Schalen getrocknete Erdnüsse
1/2 Schale Zucker
1 Schale Wasser

Die Erdnüsse rösten und beiseite stellen. Zucker in eine Kasserole geben, Wasser dazugießen und ca 2-3 Minuten erhitzen. Die Erdnüsse dazurühren und so lang weiter rühren, bis das Wasser verdampft ist und die Erdnüsse mit Zucker ummantelt sind. Vom Feuer nehmen und zum Auskühlen auf ein Tablett stürzen. Die Masse sollte fest werden. In luftdicht verschlossenen Behältern aufbewahren und als Snack servieren.

Sardinen-Röllchen

12-18 Röllchen

Für den Teig:

2 Schalen Mehl
1/3 Schale Wasser
1 Teelöffel Salz
1 Esslöffel Öl

Alle Zutaten mit einer Gabel zu einem weichen Teig verkneten.

Für die Fülle:

Zwei 125 g-Dosen Ölsardinen
Eine Prise Muskat
1/2 Teelöffel Chili (nicht zwingend)
Salz nach Geschmack
Öl zum Fritieren

Die Sardinen in einer Schüssel zerdrücken, Salz, Pfeffer und Muskatnuss dazumischen. Den Teig auf einer bemehlten Unterlage etwa auf 1 cm Dicke ausrollen und in Rechtecke von etwa 15 x 20 cm schneiden. Einen Esslöffel Sardinenmischung auf jedes Rechteck legen, dann den Teig mit der Fülle einrollen. Die Enden mit etwas Wasser versiegeln und bei mittlerer Hitze goldbraun fritieren. Auf Küchenpapier abtropfen lassen und warm oder kalt servieren.

Reis-Akra

Sierra Leone – Für 6-8 Personen

400 g Reismehl
6 reife Bananen
2/3 Schale Zucker
1/4 Teelöffel Zimt
1/4 Teelöffel Muskat
1/2 Teelöffel Mandelaroma
1/2 Teelöffel schwarzer Pfeffer
Pflanzenöl zum Braten

Das Reismehl in eine Schüssel geben und beiseite stellen. Die Bananen zerstampfen oder pürieren, dann mit dem Zucker gut vermischen. Mehl, Zimt, Mandelaroma, schwarzer Pfeffer und Salz dazurühren, die Schüssel zudecken und etwa 30 Minuten rasten lassen. In einer Bratpfanne das Öl erhitzen und mit einem Teelöffel kleine Teigportionen ins heiße Öl einlegen. Auf beiden Seiten goldbraun braten und auf Küchenpapier abtropfen lassen. Warm servieren.

GETRÄNKE UND ERFRISCHUNGEN

Folgende Rezepte betreffen den ganzen afrikanischen Kontinent. Wiederholungen sollen vermieden werden, denn viele dieser Getränke werden in allen Regionen mit ähnlichen Früchten und Zutaten gemacht. Wie bereits weiter vorne erwähnt produzieren manche afrikanische Länder Bier, Wein und Liköre für den Export, aber es gibt daneben eine Vielfalt an regionalen Weinen und Bieren, die für den Eigenbedarf hergestellt werden. Viele davon werden aus Früchten, Mais, Hirse oder auch aus Blütenblättern, Kräutern, Wurzeln und Blättern gemacht. Andere wiederum werden aus dem von Palmen oder Büschen gezapften Saft erzeugt.

Palmwein

Westafrika

Die beliebtesten Sorten werden von Raffia- oder Ölpalmen gezapft. Frischer Palmwein ist süß und ohne Alkohol, milchig und voller Hefe. Doch gerade letztere lässt ihn bereits nach einem Tag gären. Ist er noch ganz frisch, sagt man ihm Augen stärkende Wirkung nach. Manchmal verwendet man ihn zum Backen, weil er nicht nur den Teig aufgehen lässt, sondern diesem auch einen besonderen Geschmack verleiht.
Die Zapfer verkaufen ihren Palmwein in Kalebassen und Krügen, städtische spezielle Anbieter füllen ihn in Flaschen, meist sind es wiederverwendete Bierflaschen. Mittlerweile wird Palmwein in Flaschen zum Beispiel von Nigeria exportiert und ist in manchen Feinkostläden erhältlich.

Ingwerdrink

Westafrika

Ich gebe hier nur eines der vielen Rezepte für Ingwergetränke an. Es ist ganz einfach zuzubereiten.

6 Schalen frischer, gewürfelter Ingwer
8-10 Schalen Wasser
2 Teelöffel Hefe
2 Schalen Zucker
4-6 ganze Gewürznelken

Pürieren Sie die Ingwerwürfel in einer Küchenmaschine mit etwas Wasser. Setzen Sie das Püree mit dem ganzen übrigen Wasser für 10-15 Minuten zum Kochen auf den Herd, verringern Sie dann die Hitze und geben Zucker und Nelken dazu. Weitere 10 Minuten köcheln lassen, auskühlen und in einen Krug seihen. Kalt stellen und mit etwas kaltem Wasser verdünnen, falls es Ihnen zu süß sein sollte.
Dieser Drink schmeckt besonders gut, wenn Sie knapp vor dem Servieren etwas Zitronen- oder Limettensaft hineinpressen.

Baobabsaft

Der Baobab ist einer der größten Bäume Afrikas und auch einer der vielseitigsten der Welt. Er wächst sowohl auf Cabo Verde wie in ganz Zentralafrika, bis hin zu den ostafrikanischen Grassteppen. Man nennt ihn oft den »verkehrten Baum«, weil seine Äste wie Wurzeln aus dem Stamm ragen. Die großen, Feldflaschen ähnlichen Früchte sind essbar, das Fruchtfleisch gibt einen erfrischenden Saft ab. Die getrockneten Blätter werden zerstampft und zu Suppen und Saucen verarbeitet, die Kerne können geröstet und ganz gegessen oder mit Wasser zu Saft gemacht werden. Die Asche des Baobab-Holzes enthält viele Mineralien und kann Salz ersetzen. Sein dicker, wasserhältiger Stamm kann vom durstigen Wanderer oder Jäger angezapft werden und seinen Durst löschen.

2 grosse Baobab-Früchte
8 Schalen Wasser
Zucker nach Geschmack

Halbieren Sie die Früchte und schälen Sie das Fruchtfleisch heraus. Legen Sie es mit dem Wasser in eine Schüssel und stellen Sie es 1 Stunde lang beiseite. Seihen Sie die Flüssigkeit durch ein feines Sieb und pressen Sie dabei das Fruchtfleisch, so dass der ganze Saft herauskommt. Geben Sie Zucker dazu und servieren Sie oder lassen Sie den Saft 10 Minuten lang kochen, stellen ihn dann kalt, wenn Sie ihn aufbewahren möchten.

Kakadeh

Hibiskusblüten-Getränk

Dieser Drink ist in Nord-, West- und Ostafrika gleichermaßen beliebt. Er wird kalt oder als Tee genossen. Die getrockneten Blütenblätter sind in Spezialgeschäften erhältlich.

500 g getrocknete Kakadeh (Hibiskusblüten)
12 Schalen Wasser
1 Schalen Zucker
Saft zweier Zitronen oder Limetten

Legen Sie die Blüten in ein Sieb und halten Sie sie kurz unter kaltes Fließwasser. Weichen Sie sie dann 2-3 Stunden im Wasser ein. Stellen Sie den Topf auf den Herd und bringen Sie das Wasser zum Kochen, lassen Sie 5 Minuten kochen, drehen die Flamme ab und lassen das Getränk auskühlen. Abseihen, Zucker und Zitronensaft mit dem Saft verrühren und eisgekühlt servieren.

Zitronengras-Tee

Ostafrika

In den letzten Jahren ist dieser Tee immer beliebter geworden und man findet ihn mittlerweile in vielen Supermärkten. Auch die frischen Blätter sind in manchen Spezialitätenhandlungen erhältlich. In meiner Jugend verwendete man die Blätter hauptsächlich als Heilmittel gegen Malaria. Man stellte einen Topf mit kochendem Zitronengrastee auf den Boden. Der Patient setzte sich, mit einer Decke auf dem Kopf, davor. Der Topfdeckel hatte eine kleine Öffnung, so dass der heiße Dampf aufsteigen konnte. Ab und zu wurde auch die Decke angehoben um frische Luft hereinzulassen. Man glaubte, dass das Inhalieren des heißen Blätterdampfs und das Schwitzen fiebersenkend wirkten. Deshalb nennt man in Kamerun Zitronengras häufig »Fiebergras«.

Für frischen Tee:
250 g Zitronengras-Blätter
6-8 Schalen Wasser
Zucker nach Geschmack

Die Blätter waschen und in kleine Streifen schneiden. Wasser aufkochen lassen und die Blätter hineingeben. Von der Hitze nehmen und 5-10 Minuten ziehen lassen. In eine Teekanne seihen und mit oder ohne Zucker servieren.

Mandelwasser

Nordafrika

400 g geschälte Mandeln
1 Schale Zucker
4 Schalen Wasser
2 Teelöffel Orangenwasser

Die Mandeln werden zu einer Paste zermahlen, diese mit Zucker, Wasser und Orangenwasser in einen Mixer gefüllt und die Zutaten 2-3 Minuten vermischt. Durch ein feines Sieb treiben, in den Kühlschrank stellen und kalt servieren.

Minzetee

Nordafrika

In Nordafrika trinkt man viel Tee und hauptsächlich nicht-alkoholische Getränke. Die Männer füllen die Teehäuser, denn Frauen halten sich wenig an öffentlichen Plätzen auf, obwohl gerade sie Tee und Kaffee auf der Straße verkaufen. Tee wird sehr kunstvoll in heiße Teegläser gegossen. Meist ist dies die Aufgabe des Gastgebers. Man serviert Tee oft stark gezuckert.

6-8 Schalen kochendes Wasser
2 Esslöffel grüner Tee
10-12 frische Minzeblätter
1 Schale Zucker

Legen Sie die Teeblätter in eine Teekanne, gießen Sie ca 2 Schalen kochendes Wasser darüber, rühren Sie um und fügen dann Minze und Zucker hinzu. Gießen Sie nun das übrige Wasser darauf und lassen Sie den Tee 8-10 Minuten ziehen. Umrühren und kosten. Wenn erwünscht, zuckern Sie nach. Der Tee wird in kleinen Gläsern, auf einem Tablett serviert. Sie können auch gewöhnliche Teetassen nehmen.

Minze-Ingwer-Getränk

Sansibar

2 Schalen kochendes Wasser
1 Teelöffel Zitronengras-Öl
6 Esslöffel fein gehackte Minze-Blätter
6 Schalen Ingwerbier oder Ginger Ale
Zerstossenes Eis
Zitronenscheiben zum Garnieren

Das kochende Wasser in eine Schüssel gießen und das Zitronengras-Öl hinzufügen. Die Minze daruntermischen und 10 Minuten ziehen lassen. In einen Krug seihen, das Ingwerbier und die Zitronenscheiben hinzufügen. In Gläsern servieren und jeweils mit einer Zitronenscheibe garnieren.

Papayasaft

5 kg sehr reife Papayas
2 Schalen Wasser
2 Schalen Zucker
3 Esslöffel frischer Limettensaft

Die Papayas werden gewaschen, geschält und von den Kernen befreit. In kleine Würfel schneiden und in einen großen Topf geben. 2 Schalen Wasser darübergießen und zum Kochen bringen. Die Hitze reduzieren und 5-10 Minuten köcheln lassen. Vom Herd nehmen und auskühlen lassen, dann den Limettensaft daruntermischen.
2-3 Schalen davon in einen Mixer schöpfen und durchmischen, bis alle Papayas püriert sind, falls sie zu dick bleiben, ein wenig Wasser dazugeben. Durch ein feines Sieb passieren, den Saft kalt servieren.

Guavensaft

1 kg reife Guaven
2 Schalen Wasser
1 Schale Zucker

Die Früchte waschen und beide Enden kappen. Vierteln und mit dem Wasser zum Kochen bringen. Den Zucker darunterrühren und 5-6 Minuten kochen lassen. Auskühlen und in einem Mixer pürieren. Durch ein feines Sieb passieren, so dass die Kerne zurückbleiben. Kalt servieren.

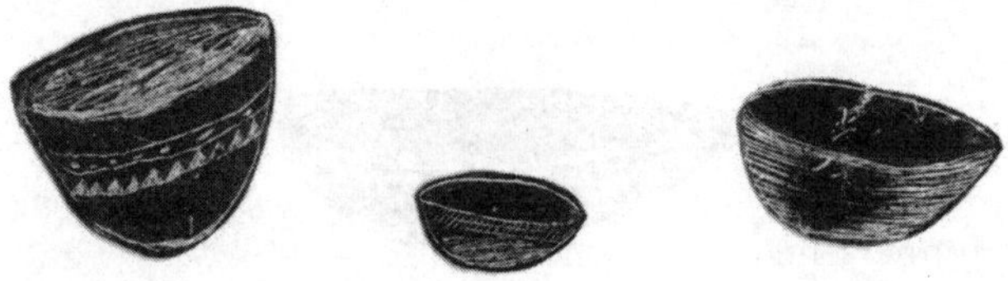

MENÜS FÜR MITTAGESSEN UND GROSSE ABENDESSEN

20-25 Personen

Hors-d'Oeuvres, Desserts und Salate sind normalerweise nicht bei einem traditionellen afrikanischen Menü vorgesehen. Heutzutage reicht man aber, mit wachsendem Einfluss westlicher Kultur, bei großen Abendessen auch Salate und Nachspeisen, da man davon ausgeht, dass die Gäste unterschiedliche Ess-Gewohnheiten haben.
Ich habe im Folgenden einige Vorschläge für solche Menüs zusammengestellt. Im Prinzip sollte ein großes afrikanisches Essen immer aus zwei stärkehaltigen Speisen, zwei Gemüsegerichten, je einem Fleisch-, Fisch- und Geflügelgericht, einem oder zwei Salaten und einem Dessert bestehen.

Menü 1

Jellof-Reis – Weißer Reis mit Rindfleisch-Stew – Gegrillter Fisch – Gekochte grüne Kochbananen – Koki-Bohnen – Achu mit Ndza-Niki – Gegrillte Hühnerschenkel – Akra-Bohnen – Avocado-Scheiben – Puff-Puff – Gemischter grüner Salat – Fruchtsalat

Menü 2

Gekochte weiße Yamswurzeln – Fii – Mai-Mai – Weißer Reis – Gepökelter Fisch – Gebratene Pilze – Fufu Mais mit Okra-Sauce – Gedämpftes Ziegenfleisch – Kenke mit
Erdnuss-Sauce – Karottensalat – Miondo – Huhn Dé-Gé mit gebratenen Kochbananen – Frische Früchte

Menü 3

Doro Wot – Injera – Zwiebelreis – Couscous – Kokosfisch – Sese-Kochbananen – Gari mit Okworokwo und Ogbono-Sauce – Abolo mit frischem Tomatenragout – Grüner Salat – Somalische Kokos-Quadrate – Fruchtsalat

Menü 4

Rindfleisch-Curry – Kokosreis – Gedämpfte Kochbananen mit Ndole – Pastete mit Lammfleischfüllung – Gekochte Kartoffeln – Gari mit Egusi-Sauce – Huhn und Erdnuss-Sauce – Koki-Mais – Gemischter Salat – Frische Früchte

Menü 5

Sauce mit faschiertem Fleisch – Weißer Reis – Yam-Fufu mit Okra-Sauce – Tomaten-Bredie mit Mealie-Meal – Mai-Mai – Bohnen-Mais-Topf – Avocado und Kochbananen-Platte – Gebratene reife Kochbananen (Dodo) – Melk Tert – Mandasi

Verwendete Literatur

1 Murdock, George Peter, *Africa: Its People and their Culture History,* 1897

2 *The Encyclopaedia Britannica*

3 FAO Rome, *Traditional food plants: A resource book for promoting and consumption of food plants in arid, semiarid and sub-humid lands of Eastern Africa,* 1988

4 Bikaner, *Tropical Root and Tuber Crops,* 1993

5 Food Technology Magazine, July 1996

6 The Open University, *Food Production Systems,* U 274, 1987

7 Stobart, Tom, *The Cook's Encyclopaedia,* 1990

8 *Sturvesant's Edible Plants of the World,* 1991

9 *Richter's Herb Catalogue,* 1993

10 Ortiz, Elizabeth Lambert, *The encyclopedia of Herbs, Spices and Flavourings: The Complete Practical Guide for cooks.* London, Dorling Kindesley 1997

11 Newton, Alex, *West Africa: A Travel Survival kit,* Victoria: Lonely Planet Publications 1988 (East Africa; Southern Africa)

12 *Specials of the day, Recipes of Mozambique*
Eldou, Kathy and Eamou Mullan, *Tastes of Kenia,* Nairobi: Kamway 1981

Die Autorin

Phebe Ndam stammt aus Kamerun und ist von Beruf Lehrerin. Sie unterrichtete als Volksschullehrerin, lehrte in Fortbildungskursen und arbeitete an der Vienna International School in Wien. Seit 1969 lebt sie mit ihrer Familie in Wien.
Sie ist das zweite von neun Kindern und wuchs in verschiedenen Regionen Kameruns auf. Bereits als Kind lernte sie von ihrer Mutter Kochen als Teil der kulturellen Traditionen.
»Daß ich weit weg von zuhause lebe, machte mich sensibel für das afrikanische Erbe und Traditionen der verschiedenen Länder. Ich begann, Volksmärchen aufzuschreiben, die ich oft meinen Kindern erzählt hatte. Die Märchen wurden gesammelt und teilweise publiziert.
Ich begann über Kameruner Gerichte und Eßkultur zu schreiben, um das Wissen meinen Kindern weiterzugeben. Sowohl meine Liebe zu traditionellem afrikanischen Essen wie auch die Hilfe von FreundInnen in Österreich, inspirierten mich, afrikanische Kochbücher zu schreiben. Damit verbinde ich die Hoffnung, daß es auf die vielen Fragen nach meinen Rezepten befriedigende Antworten gibt. Ich möchte meinen Beitrag zur Wiederbelebung und Bewahrung unserer afrikanischen Kultur leisten, die droht verloren zu gehen und den zukünftigen Generationen zu fehlen.«
Phebe Ndam hielt viele Kurse über afrikanische Küche und organisierte große afrikanische Buffets. 1997 erschien von ihr »Die Kunst der afrikanischen Küche« im Mandelbaum Verlag.

Die Liste der Rezepte

Phebe Ndam stammt aus Kamerun und ist von Beruf Lehrerin. Seit 30 Jahren sammelt sie Rezepte aus ganz Afrika. Sie veranstaltet Koch-Workshops, bereitet große Buffets für Feste und Catering. 1997 veröffentlichte sie »Die Kunst der afrikanischen Küche« im Mandelbaum Verlag.

Veronika Baiculescu ist Lehrerin und Übersetzerin und lebt in Wien. Sie hat auch Phebe Ndams erstes Buch »Die Kunst der afrikanischen Küche« übersetzt und großteils nachgekocht – mit Zutaten von hiesigen Märkten. Zuletzt gab sie die erste deutsche Übersetzung von Alexandre Dumas' großem Wörterbuch der Kochkunst heraus.

ISBN 3-85476-086-8

Übersetzung: Veronika Baiculescu
Umschlaggestaltung und Illustrationen: Linda Wolfsgruber
Satz: Michael Baiculescu
Druck: print-x, Budapest